ラグビー
ジュニア世代からの
体づくり
基礎力・競技力向上トレーニング

和田康二 著　太田千尋 監修
慶應義塾大学體育會蹴球部 協力

メイツ出版

はじめに

　世界のスポーツ人気ランキングをみてみると「ラグビーフットボール」は野球に続き、第9位にランクインしています。国内では「リーグワン」の発足により、世界のトップ選手が数多く日本でプレーするようになり、サッカーや野球、バスケットボールに続く人気スポーツとして認知されつつあります。さらにラグビーワールドカップにおける日本代表の活躍は、ラグビーをプレーする育成年代の子どもたちに好影響を及ぼしています。

　このようなラグビーを取り巻く環境の変化とともに、「より高いレベルでプレーしたい」「国際試合で活躍したい」という目標が身近になり、高校生は花園ラグビー場で開催される全国大会出場、大学生は国立競技場や秩父宮ラグビー場で開催される大学選手権出場、そして最終的には国内外で「プロ選手」となり、日本代表として活躍したいという夢を抱くラガーマンたちも増えてきました。

　それでは、受け皿となるラグビースクールや中学・高校の部活動でプレーするラガーマンたちは、夢や目標に向けてどのようなトレーニングをしていけば良いのでしょうか。

　ラグビーはボールを扱う「球技要素」と体をぶつけ合う「格闘技要素」、それらを試合を通して発揮し続ける「体力要素」、コンタクトプレーから逃げない「メンタル要素」など、試合で活躍するためには心技体の多様な要素が必要とされるスポーツです。

　その中で、本書のターゲットである中高生年代は身長が伸びている成長期でもあり、フィジカルトレーニングは負荷を見極めて実施することが不可欠です。一般的には、中学生までは高重量を扱うトレーニングは避け、本書にあるような柔軟性の獲得や、正しい姿勢・動作の獲得を中心に行うことが大切です。またスキル面では、特にキャッチ・パスやキックなどボールを扱う神経系の能力や、グランドを俯瞰し状況判断できるボールゲーム能力、体力面では、走力全般、敏捷性や持久力、フットワークを高めておく時期でもあります。体づくりもスキルアップも近道はなく、基本的なトレーニングの積み重ねが大切です。

　本書では、中高生ラガーマンを主な対象として、ラグビーのプレー上達に繋がる体づくりのトレーニングの数々を解説しています。まずはトレーニングの目的をしっかり理解し、1つひとつのエクササイズに取り組んでください。効果を感じるのはすぐではないかもしれませんが、日々地道に継続して行きましょう。

CONTENTS

はじめに ………………………………………………………………… 2

PART1 しなやかで強い体をつくる

コツ01	ケガをせず目的を持ったトレーニングで体をつくる………… 6
コツ02	ケガをしにくいしなやかで強い体づくり…………………… 14
コツ03	主な筋肉名を知って体に詳しくなる………………………… 16
コツ04	自分のウィークポイントを理解してエクササイズ………… 17
コツ05	自分の体を自在にコントロールする………………………… 31
コツ06	体幹を安定させて手足を自由に動かす……………………… 40

PART2　走力をアップしてパフォーマンスを高める

コツ07	ダイナミックに体を動かし走力をアップする……………… 46
コツ08	跳ねる感覚をランニングに活かす………………………… 48
コツ09	骨盤を高くあげて腕をしっかり振る………………………… 50
コツ10	尻の筋肉を動かしてより高く骨盤をあげる………………… 51
コツ11	骨盤を高くあげて進み左右の脚を入れ替える……………… 52
コツ12	大きく体を動かし骨盤で走るイメージを持つ……………… 53
コツ13	大股で跳ねる動作で強く前方に進む………………………… 54
コツ14	股関節やヒザ関節を伸展させて大きくジャンプする……… 56
コツ15	スタートが速ければプレーのオプションが増える………… 58
コツ16	上体とスネを傾けて腕の振りを使ってスタート！………… 59
コツ+α	倒れた状態から起きあがってスタートポジションに入る…… 60
コツ17	すばやくさがってアクセルポジションに入る……………… 62
コツ18	股関節にためたパワーを使って横方向に移動する………… 63
COLUMN	ブロンコテストで自分の走力とスタミナをはかる………… 64

PART3　試合で活躍できるコンタクト動作の基礎を身につける

- コツ19　低い姿勢から相手とのコンタクトで優位に立つ……………66
- コツ20　すばやく低いタックル姿勢に入る……………………………68
- コツ21　相手に密着して重心をコントロール…………………………70
- コツ22　姿勢や体位を変えてすばやく動く……………………………72
- コツ23　低い姿勢ですばやく自由自在に体を動かす…………………75
- コツ24　相手の力に負けない強い体幹をつくる………………………76
- コツ25　低い姿勢を維持してバランスをキープする…………………77
- コツ26　頭に力を加えて首まわりを強化する…………………………78
- コツ27　ブレイクダウンから抜け出せるすばやい動きを身につける……79
- コツ28　うつ伏せの姿勢で自在に動ける力をつける…………………80
- コツ29　一動作で体を起こしてストロングポジションになる………81
- コツ30　スピーディーに起きあがり動ける姿勢にスイッチ…………82
- コツ31　不安定な体勢で体をコントロールする………………………83
- コツ32　崩れそうな体勢で体をコントロールする……………………84
- コツ33　首を寄せて前に出る……………………………………………85
- コツ34　強い姿勢のかたちや力の入れ具合をチェック………………86
- コツ35　相手との力勝負で押し引きを工夫する………………………87
- コツ36　体幹を安定させて相手の体を制圧する………………………88
- コツ37　ペアを負荷にして必要な筋力を鍛える………………………92
- COLUMN　トレーニングの一部として食事に取り組む………………98

PART4　フィジカルを底上げして基礎体力をアップ

- コツ38　自分の筋力を把握して適正な負荷でトレーニング…………100
- コツ39　肩まわりや胸、腕を鍛えて当たり負けしない体をつくる…102
- コツ40　土台になる足腰を鍛え強固な下半身をつくる………………108
- コツ41　インナーマッスルを刺激しコアの筋肉に働きかける………120
- コツ42　首まわりを鍛えてケガを防止する……………………………124
- コツ43　ペアになって背中まわりを鍛える……………………………126

PART 1

しなやかで強い
体をつくる

究極のマルチスポーツであるラグビーで活躍できる、上達できるトレーニングの取り組み方を和田康二(慶應大学ラグビー部GM)と太田千尋(ラグビー日本代表S&Cコーチ)の対談から学んで、さっそく体づくりをはじめよう!

PART1 コツ01

ラグビー対談
ケガをせず目的を持ったトレーニングで体をつくる

——この本はラグビーをうまくなりたい、試合で活躍したいという中高生のラガーマンが読んでいます。良い選手になるための条件とは何でしょうか？

和田・・・ラグビーはトライを目指して「走る」だけではなく「ボールを捕る、投げる、蹴る」という球技の要素、そして「ぶつかる、倒す、押し合う」などのコンタクト・格闘技的要素、高校であれば60分間、大学であれば80分間走り続ける体力的要素など、多様な能力が求められるスポーツ競技です。また、15のポジションそれぞれで求められる専門プレーがあることも特徴です。

良い選手になるためには、運動能力全般を伸ばすこと、また自分の特徴を理解して得意なスキルを磨くことが大切です。小学生はもちろん、中学や高校ラグビーにおいても、まずはケガをせず、練習・試合の経験を積むことが一番大事です。そのために、ケガの予防につながり、パフォーマンス向上にもつながる地道な体づくりを継続的に積み上げることが必要です。体づくりとスキルの向上が進むことで、徐々に強度の高いトレーニングや試合にも慣れていきます。才能があっても、ケガを重ねて活躍できなかった選手も多く見てきました。

太田・・・良いプレーヤーには、高いスキルとフィジカル、それらを最終的に発揮できる状況判断が求められます。しかし、これらを手に入れるためには地道な

成長期のケガのリスク

外傷 **慢性障害** **成長期特有のケガ**

　成長期の身体は骨量の増加や周囲の筋腱などの組織が発達する時期。このような年代で注意したいのが、成長期のスポーツ外傷である。大きな外力によって組織が損傷する外傷と、軽微な外力の繰り返しによって組織が徐々に損傷する慢性障害の2種類がある。
　特に成長期に多い外傷は骨折や捻挫、障害は腰椎分離症やオスグッド・シュラッダー病が代表的である。成長期のスポーツ活動においては、これらの傷害を予防するための適切なケアが重要だ。

トレーニングを積み重ねるしかありません。和田さんが言うように、ケガをしてしまったり、体調を崩すなどで練習する時間を失ったり、試合経験を積む機会を逸してしまうとプレーヤーはどうしても伸び悩んでしまいます。

―「ケガ」といっても様々なものがあると思います。ラグビーにおけるケガの種類やケガの起きる状況、それらを防ぐ手立てはあるのでしょうか。

太田・・・ラグビーには、コンタクト競技特有の「外傷」という、外部からの強い衝撃を受けたときに起きるケガと「慢性障害」という繰り返しかかる小さな負荷によって起きるケガがあります。外傷では、タックルなどによる上半身のケガが多く、肩の脱臼や頭部への衝撃による脳震盪もあります。また、下半身ではヒザや足首の靭帯の損傷、高校生ぐらいになると運動強度が高まるために起きる太モモ裏の肉離れなども発生します。
　慢性障害においては、スクラムや低い姿勢を取ることで起こる腰痛、走り過ぎなどによるアキレス腱痛なども含まれます。
　「外傷」が起きてしまう状況とは、プレーヤーが無理や無茶をしてしまったときです。例えば、正しいタックルのフォームを理解していないのにもかかわらず無理なコンタクトを試みてしまう、あるいはシステムがわからず、動かなくて良い場面で動いてしまいケガをしてしまうなど、プレーの理解度が足りないときです。

さらに中高生の年代では、成長期を早く迎えているプレーヤーとそうでないプレーヤーの体格差があります。このミスマッチによるケガもあり、これらは指導者がしっかり管理しなければならない部分でもあります。

また、慢性障害においては、基本的な体力をしっかりつけることはもちろん、食事や睡眠によるリカバリーをトレーニングと同様に取り組むことが大事ですね。

―ミニラグビー、ジュニア、高校と運動強度があがります。そのなかで体格差や運動能力の差、スポーツ経験も違う選手が一緒にトレーニングしながらどうスキルアップすれば良いのでしょう。

和田・・・体格や筋力も違う、ラグビースキルや経験が違うプレーヤーたちが、手順を踏まず高強度のトレーニングをしてしまうと、どうしてもケガにつながります。生活習慣や運動習慣が影響する柔軟性の欠如や姿勢の悪さも慢性障害の要因です。指導者としては、一人ひとりの運動能力や運動経験に応じた、きめ細やかな体づくりのノウハウが求められます。

太田・・・例えば正しいタックルができないプレーヤーは、何に原因があるのか見極めることです。「足首がかたくて低い姿勢になれない」「体幹が弱くて姿勢を保てない」あるいは「肩がかたくて脱臼しやすいポジションに入ってしまう」などです。このような状態でプレーを続けていれば、いつかケガをしてしまいます。パフォーマンスゴールを設定して先回りせずにコツコツ取り組むことが大切です。

―ラグビーのトレーニングも年々と進化しています。日本代表チームをはじめ、

ケガを防ぐトレー

①柔軟性のアップ

ケガのリスクを軽減する第一歩は「柔らかい体づくり」からスタート。自分の体のウィークポイントをチェックする。

③安定性の向上

①柔軟性と②姿勢が整ったところで次へのステップ。①と②が安定するための強さを養う。

アドバイス

生活習慣がラグビーのプレーにも影響する

本来、背骨は横から見ると「Ｓ字」のような形をしている。生活習慣の影響で首の骨の部分のカーブがなくなり、まっすぐになってしまうストレートネック、背中が丸くなってしまう猫背には注意。

悪い姿勢が常態化すると正しい姿勢がとりにくくなり、ラグビーにおいては頭や首、腰などのケガにつながる。ストレートネックの状態での頭の重さによる頚椎への負荷は、正常な状態の2倍とも言われる。

ニングの取り組み

②フォーム・姿勢づくり

ランニングフォームは、ラグビーに必要な加速力をアップするポイントのひとつ。ケガをしにくいコンタクト姿勢も大事なポイント。

④筋力アップ

安定性が向上したら「強く」「速く」動作するためのトレーニングで筋力アップに取り組む。

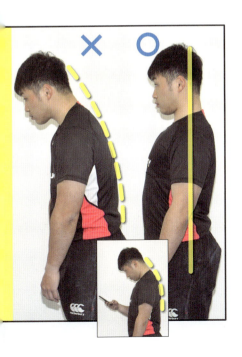

社会人・大学のトップチーム、慶應義塾高校や一部の高校ではGPSを使ってプレーヤーの運動パフォーマンスを測定して強化に役立てています。

和田・・・今から20年以上前の私の現役時代を思い起こすと、試合中のワークレートを高めるため心肺機能を向上させるトレーニングは中長距離走が中心で、心肺機能は高まるものの、コンタクトプレーに必要な体重増加にはつながりにくいものでした。現代ではGPSなど技術の発達でラグビーの競技特性が解明され、ワークレート向上と体重維持・増加を両立させるトレーニングが実施されています。

私が慶應義塾大学のラグビー部で2013〜14年度に監督を務めた際、当時代表や社会人トップチームでしか取り入れられてなかったGPSを大学のチームとしていち早く採用しました。データからプレーヤーの試合中の走行距離や走行速度・加速度、その頻度などが明らかになりますし、ポジションによる特性も具体的に見えてきます。

これらのデータを活用し、日々のトレーニングに落とし込むことで、試合と同じような強度で効率よくフィジカル・スキルを向上させることが可能となります。プレーヤー自身もデータから客観的に自分のパフォーマンスを振り返ることができます。また、GPSデータは練習負荷のコントロールにも活用し、選手のケガの予防にも役立っています。

太田・・・現代のラグビーのトレーニングは、限られた時間のなかでスキルも体力もあげて、考える力もあげる、ゲーム形式の中で全体をあげていくことが主流です。

チームの構成や成長に応じた
トレーニングの質と量

　しかし、これには一長一短があって、ある程度のスキルや知識がないなかでトレーニングを行うとミスが頻発してしまいます。練習中にミスが80％も出してしまえばスキルはあがらない、強度もあがらない、ケガにつながることにもなります。そうならないためにも段階をあげながら、強度の高い練習ができるタイミングで行うことが大事です。それまではゲームを理解するためのトレーニングやファンダメンタル、基礎体力の強化に費やすこと。科学的なトレーニングや最先端トレーニングではない「原理原則」を身につけることが大切です。

－ラグビーには、少人数のチームから100人を超えるような大所帯のチームもあります。そのなかで体のサイズの大小やスピードの優劣など、プレーヤー同士のギャップをどう補って練習をしていけば良いのでしょうか。

和田・・・中学生や高校生の場合、学年間や個人間の体格の差にも注意しなければなりません。中学生も高校生も、一年生と三年生では大きな違いがあります。同学年でも大きな個人差があります。体格や筋力のミスマッチによるケガを回避する指導者のマネジメントは不可欠です。また、体格や筋力は向上したとしても、コンタクトプレーの姿勢やスキルが正しく習得していないと、タックルでの脳震盪やスクラムでの頸椎損傷など重傷につながります。特に身長が伸びているプレーヤーは、高重量の負荷をかけたトレーニングは避け、まずは身長を伸ばすことに注力すべきです。自体重トレーニングから始め、軽い負荷で正しいフォームでトレーニングできるようになることを優先することが大切です。

太田・・・成長期のあとに身長を大きく伸ばすことはできませんから、まずは睡

眠と食事をしっかりとることです。身長が伸びていく過程では、手足が伸びたり、重心の位置やバランスも変わってきます。そのなかで軽い負荷であっても正しいフォームで行い、体の変化にもアジャストしていくこと。

　さらに高重量をあげるためには、動作の効率性と筋肉の大きさが関係します。成長期は筋肉が大きくなりにくいですから、そこを意識するのではなく、動作の効率性をアップすること。50kgの負荷をあげられるとしたら、さらに10kg、20kgと負荷をあげていくのではなく、50kgの重さで、いかに正しく速く動かすかを意識する。その後、安全な動作ができるようになってから重量をアップします。

　また、練習でやったことが試合でうまくいかないときは、試合と練習のギャップがどこにあるか考えなければなりません。シンプルなキャッチ＆パスであっても、相手がいる・いないでプレーの精度が変わります。相手がいないなかで100回うまくいっても試合では通用しません。練習段階から相手がいなくても何らかのストレスをかけることが実戦につながります。エディー・ジョーンズは「失敗しすぎる練習も良くないが、100％成功する練習はあまり意味がない」と言います。6〜7割程度の成功率でできる練習の質も意識しましょう。

ートレーニングの環境が整わないチームは、どのような取り組み方でスキルアップすることが可能になるのでしょうか。
太田・・・できる、できないに関わらず、プレーヤー全員が基礎トレーニングから参加します。例えば「柔軟性UP」がトレーニングのテーマなら足首、胸椎まわりなど全員が同じメニューに取り組みます。そのなかで、うまくできないプレーヤーはできるプレーヤーから教えてもらうことが大事です。そうすることでチーム力を高めていくことができます。

　個別メニューの構築にしても、一人ひとりに細かく指導するのではなく、プレーヤー自身が課題をしっかり把握してスタートすることがポイントです。

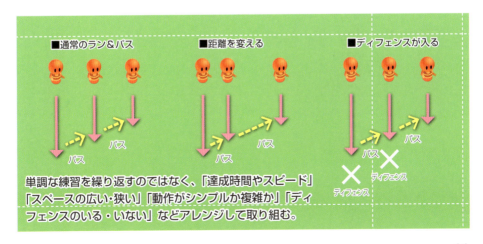

単調な練習を繰り返すのではなく、「達成時間やスピード」「スペースの広い・狭い」「動作がシンプルか複雑か」「ディフェンスのいる・いない」などアレンジして取り組む。

活躍できるプレーヤーたちの
トレーニングの取り組み方

そこで自分の課題や問題点を理解すれば、あとは簡単なコーチングだけでプレーヤー自身が工夫して取り組むことができるはずです。

トレーニングスケジュールについては、例えば週5回、2時間のトレーニングができるとしたら、筋肥大のために負荷をかけるトレーニングを週2回45分、ラグビーの理解度を高めるためのゲーム形式のトレーニングを週3回30分、それを補うためのファンダメンタルを30分とし、ブロックごとに配置していきます。そうすることで効果が出る頻度とスケジュールが見えてきます。体力またはスキルをあげていくためのトレーニングの目的を明確にし、メニューを組むことがとても大切です。

—活躍できるプレーヤーとそうでないプレーヤーの違い。活躍できるプレーヤーになるための体づくりのヒントとは？

和田・・・コンタクトスポーツであることから、当然ながら体重や筋力などフィジカルポテンシャルが高いプレーヤーが活躍する傾向があります。

また、ラグビーは短いダッシュを繰り返す競技特性があることから、GPSデータとしては特に「最大加速度」と「加速頻度」を注目してみています。攻撃も防御も、素早い出足で相手に向かって加速しプレッシャーをかけること、それを試合を通して高強度で発揮し続けることが求められる競技だからです。

一方で、フィジカルデータや走行データで高いポテンシャルを持つ選手でも、試合で活躍できていないケースもあります。そういう時は、ポジションのコンバートを検討することも有効です。例えば、スピードやパワーのポテンシャルが高いけれど、キャッチパスやキックなどボール扱いが苦手なバックスの選手は、ボールを扱う回数が少ないフォワードへコンバートすることでポテンシャルが開花したケースも多くみてきました。GPSから得られるデータはプレーヤーの適正ポジションの見極めにも参考になります。

太田・・・筋肉が大きければパワーも出るし、スピードも出ます。つまり筋力の優劣と活躍する選手には、相関関係があると考えます。海外では単に体を大きく

立ち幅跳びの跳躍力は、ラグビーの上達に必要な能力のひとつである「加速力」を測る上での目安となる。

するのではなく、脂肪を除いた除脂肪体重を大きくするためのトレーニングを行っています。筋力やスピード・持久力があることに加え、それらを調整する「加速力」があることがベストです。

　単純に50mが速いのではなく、フォワードなら3〜5m、バックスなら30mぐらいの短い距離と時間のなかでスピードを出し入れする能力が求められます。GPSでの測定ができないときは、「立ち幅跳び」で調べることができます。止まったところからの一発の重心移動で遠くに飛べるのは加速力がある証拠です。チェックしてみましょう。

―高校から大学など各カテゴリーで活躍し、さらには日本代表でプレーするようなプレーヤーたちは、どんな意識でトレーニングに取り組み、成長していったのでしょうか。

和田・・・ラグビーの指導はトップレベルになるほどに分業化が進み、選手はきめ細やかなコーチングを受けられるようになっていますが、日本代表クラスに成長するのは、競争に勝ちたい、成長したいという意欲を学生時代から高く持ち、自ら取り組み続けることができる選手です。トレーニングに興味を持ち、自ら工夫しながら継続できるプレーヤーは確実に伸びていきます。

太田・・・慶應義塾大学のOBで言うなら山本凱選手や原田衛選手ですね。彼らは身長180cmにも満たないプレーヤーですが日本代表にも選ばれています。チームが与えるプログラムの設定を超えるための努力を惜しみません。こちらが指示をしたことの1.5倍以上にやってくるプレーヤーたちです。常にできることがないか考え、工夫し、チャレンジすることができます。そして、コンディションを日常から意識して取り組むことも伸びる要素に欠かせません。

13

PART1

コツ 02

トレーニングの流れ
ケガをしにくい
しなやかで強い体づくり

トレーニングの流れと構成をチェックする

柔軟性をチェック

まずは自分の体のウィークポイントを探す。コンタクトおよびスプリント場面で求められる柔軟性をテストでチェック。

ほぐす＆のばす

ウィークポイントを理解したらさっそくエクササイズ。コンタクトやスプリント、パス・キャッチなどの動作別にアプローチする。

モビリティトレーニング

トレーニングでは、自分の体を正しく動かすことがポイント。そうするためにも可動域を広げつつ、安定性を向上させることが大事。

スタビリティトレーニング

可動性がアップしたところで、安定性を高めるためのトレーニングを行う。正しい姿勢ができたら、難易度や負荷をあげていく。

「ほぐす」→「伸ばす」で効果的にアプローチする

ウォーミングアップやクールダウンは、ケガの予防やコンディショニングに有効な手段。リリースによって凝りかたまった筋肉をほぐした後に、ストレッチによってしっかり伸ばすことで効果的にアプローチすることができる。

モビリティトレーニングでしなやかな動作づくり

思い通りに体を動かすためには、関節をスムーズに動かすことが大事。モビリティトレーニングでは、肩まわりや股関節まわりにアプローチし、関節の可動性をアップ。しなやかな動作づくりを身につける。

体幹の安定性を高めてパフォーマンスを向上する

筋肉の柔軟性がアップし、関節の可動域が広がっても軸となる「体幹」がぐらついては、正しい姿勢やフォームは維持できない。スタビリティトレーニングでは動作中の頭や体、重心の状態を理解し、安定性のある体をつくる。

ケガを防止することがチーム力をアップする

過去の慶應義塾高校ラグビー部はケガ人が絶えず、ときにはケガ人だけで1チームができてしまうようなことも。ライバルの強豪チームより選手数で劣る同校ラグビー部は、ケガを防止するための体づくりや意識改革に着手。近年では受傷率が大幅に減少している。

PART1 コツ03

筋肉の種類
主な筋肉名を知って体に詳しくなる

> ! 次ページの柔軟性テストでどの部位に張りがあるのか、左右にアンバランスはないかなど、細かく評価することで体の状態をチェックする。

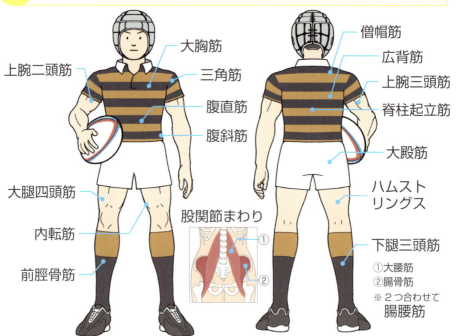

人間の体には600以上の筋肉がある。その筋肉は約200の骨につき、伸びたり縮んだりすることで体を動かすことができる。

日常の動作はもちろん、スポーツなどで体を動かすときは、筋肉が伸びたり縮んだりすることで関節を曲げたり伸ばす作用が働く。

<u>どこかの筋肉が凝り固まったり、柔軟性に欠けていると体は思い通りに動かないだけでなく、ケガの要因ともなりかねない。</u>ここで解説する主だった筋肉に「ほぐす」→「のばす」エクササイズでアプローチし、ラグビーにおいて常に高いパフォーマンスを発揮できる体づくりを目指す。

PART1

コツ 04

柔軟性テスト①
自分のウィークポイントを理解してエクササイズ

オーバーヘッドスクワット　体の柔軟性をテストする

両手をYの字に広げて立つ。スタンスは肩幅程度に開き、ヒザ、額、両手は壁につけ、つま先は2〜3cm離す。

ヒザと尻が同じ高さまで腰を落とす。柔軟性が低いとうまく腰を落とせない。

　まずは、自分の体の柔らかさを知ることが効率よくトレーニングに取り組むポイント。「オーバーヘッドスクワット」ではラグビーのコンタクト姿勢、「ウォールヒップフレクサー」ではスプリント姿勢に必要なそれぞれの可動域をチェック。特に成長期を迎える年代は、体の成長に対し、筋肉の柔軟性が追いつかない傾向があるので注意しよう。

　例えばオーバーヘッドスクワットは、**動作中に「お尻がきついのか」「肩や腰、足首、背中がきついのか」、自分の感覚を確かめることにより、取り組むストレッチの部位も変わってくる**。柔軟性テストによって得た感覚をエクササイズメニューに反映していく。

▶▶▶ 柔軟性テスト①

オーバーヘッドスクワット

お尻とヒザの
ラインまで
さげる

どこまで腰が落ちるかチェックする。お尻の位置がヒザの高さになり、太モモが床と平行になるところまで行けばベスト。そこまで腰が落とせない人は、体のどこの部分がきついのか把握する。

判定基準

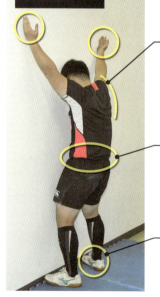

正しいYの字がキープできない

首が曲がる、肩があがらない、背中が伸びない
P19、20 へ

腰がつまる・お尻が落ない

脊椎や腰まわりの柔軟性が欠如している
P21、22、25 へ

ツマ先が浮いてまう

足首がかたくで曲がらない
P23、24 へ

▶▶▶コンタクト

広背筋　肩まわりの筋肉をほぐして伸ばす

ほぐす 20秒
横向きで床に寝そべり腕を伸ばした脇の下にフォームローラーをおく。下半身はリラックスした体勢にしながらフォームローラーを動かす。脇から背中にかけた筋肉を少しずつほぐしていく。反対側も同様に行う。

のばす 20秒

1 両手と両ヒザを床につけてスタート。

2 片手を斜め前に出して床につける。

3 ついた手をもう片方の手でおさえる。

4 両手を維持したまま、伸ばした手のほうの肩をのばす。

▶▶▶ コンタクト

胸　郭　　脊柱や胸まわりの筋肉をほぐして伸ばす

ほぐす 20秒

仰向けで床に寝て肩甲骨の下あたりにフォームローラーをおく。両腕を頭上へ向け、目線は天井に向けたままフォームローラーを動かす。背中の筋肉がほぐされていくのを意識しながら行う。

のばす 20秒

胸の上あたりにボールをあて、下から上へ、外側から内側へボールを移動させるように動かしながら筋肉をのばす。

エクササイズをするときは、うつぶせになり、胸の上あたりに置いたボールに、自分の体重で押し当てて転がし、その圧力で胸の筋肉をほぐす。

壁にボールを当てて行っても良い。

グルート　お尻の筋肉をほぐして伸ばす

ほぐす 20秒

フォームローラーをお尻の片側にあてるようにして座る。両手は肩から真っすぐ床につけ、フォームローラーをあてていない側の脚は軽く曲げて足裏を床につける。床についた両手と片足3点で支えながらフォームローラーを動かしながら筋肉を柔らかくほぐしていく。反対側も同様に行う。

のばす 20秒

片脚は前方で内側へ曲げ、反対側の脚は甲を床につけて後方へ伸ばす。両手を前方で床につけ、脚を曲げた方のお尻の筋肉をしっかりと伸ばしていく。背中は曲がらないようにする。反対側も同様に行う。

▶▶▶ コンタクト

ヒップアダクター　内転筋をほぐして伸ばす

ほぐす 20秒

キックやフットワークで張ったり、かたくなる箇所。片脚はヒザを軽く曲げて内転筋あたりにフォームローラーをあてる。反対側の脚は伸ばし、両ヒジを床につける。フォームローラーを左右に動かしながら筋肉を少しずつほぐしていく。反対側も同様に行う。

のばす 20秒

四つんばいになり、両脚のヒザからスネ、足の内側面を床につける。両手は肩幅にし、両ヒザは肩幅よりも広く置く。カカト方向にお尻を引くイメージで内転筋や太モモの筋肉を伸ばす。

トゥレイズ　足首の可動性をアップする

両手と尻を床につけて座り、ペアに足を持ってもらう。

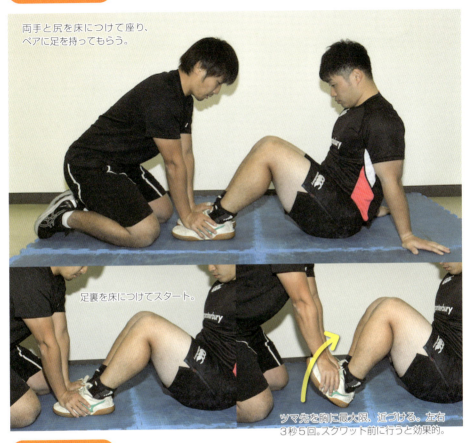

足裏を床につけてスタート。

ツマ先を胸に最大限、近づける。左右3秒5回。スクワット前に行うと効果的。

1人で行う

両手と尻を床につけて座り、足裏を床につけてスタート。

足首を動かし、ツマ先を上にあげる。

▶▶▶ コンタクト

カーフ　ふくらはぎの筋肉をほぐして伸ばす

ほぐす 20秒

痛いところで止まって足首を前後させると効果アップ（10回）

片脚をフォームローラーにのせ、反対側の脚をその上へ組むようにおく。両手は肩の真下で床につけ、両脚を重ねたままフォームローラー前後に動かす。お尻は浮かせながら行う。左右の脚を組み替えて同様に行う。

のばす 20秒

ヒザを伸ばすと表側のヒフク筋、曲げると深部ヒラメ筋に効く

両手と両脚を床につき、片脚を反対側の脚に掛けるようにおく。床についている方の脚のフクラハギが十分に伸びるのを感じながらストレッチする。左右の脚を組み替えて同様に行う。

▶▶▶ 柔軟性テスト②

ウォールヒップフレクサー

90度に立てたヒザの上に両手を置き、前足のヒザの高さで後ろ足のツマ先を壁につけてスタート。腰を前にスライドしていくことで太モモ前面の大腿四頭筋を動かす。これらがかたい人は、体が前に動かない。

※柔軟性をチェックするテストだが、ストレッチとしても取り組む。

判定基準

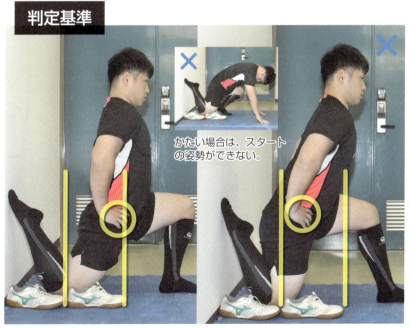

かたい場合は、スタートの姿勢ができない。

自分のシューズを縦に並べ、それよりも骨盤が前に出るのが理想。

股関節がかたくて、しっかりモモが前に出ない。

25

▶▶▶ スプリント

ヒップフレクサー　脚の前側の筋肉をほぐして伸ばす

ほぐす 20秒

特にかたいところは重点的に行う

うつぶせになりフォームローラーを股関節あたりに置く。床につけた両ヒジを固定させて体を支えながら、フォームローラーをモモ前面から脚の付け根まで移動させるイメージで行う。

のばす 20秒

お尻を締めて骨盤をツマ先方向に押し出す

片ヒザ立ちになり、前に出した脚の太モモに両手を置く。前足は90度程度に曲げ、両手を置いた脚に体重をかけながら後ろに伸ばした脚の前面が伸びるのを意識する。姿勢は真っすぐをキープ。反対側も同様に行う。

✕ 背中が反ってしまうのはNG。

ヒップアブダクター　お尻の外側の筋肉をほぐす

体側の腰骨あたりにフォームローラーをあてる。床に近い方の腕は片ヒジから先を床につけ、脚は伸ばす。反対側の脚は、ヒザを曲げて伸ばした脚の前に出す。フォームローラーを動かしながらお尻の外側からモモの外側の筋肉をほぐす。反対側も同様に行う。

別バージョンのエクササイズ。肩幅で両手をつき、片足を後ろへ。もう片足を横に出して尻の外側を伸ばす。

▶▶▶スプリント

ハムストリングス　モモ裏の筋肉をほぐして伸ばす

ほぐす 20秒

両手を体の後方について床に座る。片脚を伸ばしてモモ裏にフォームローラーをあてる。反対側の脚は軽く曲げて足裏を床につける。フォームローラーを前後に動かしモモ裏の筋肉を柔らかくほぐす。反対側も同様に行う。

のばす 20秒

片脚を一歩前に出し、後ろの脚は軽く曲げる。両手をモモの上に置きながら、上体を前に倒す。前に出した脚のモモ裏が伸びているのを意識しながらその状態をキープ。左右の脚を替えて同様に行う。

のばす 20秒

ヒザを伸ばそうとすると
ストレッチがかかる

両脚を前後に開きヒザを伸ばして立つ。両手は前に出した脚の近くに置き、体勢をキープ。モモ裏の筋肉がしっかり伸びるように、できるだけヒザを曲げない。左右の脚を替えて同様に行う。

のばす 20秒

スプリントやジャッカルの
姿勢につながる

片脚は前に伸ばしカカトを床につけ、反対側はヒザをついて後方へ伸ばす。両手を床につけて体を支える。前方に伸ばした脚はヒザを曲げないようにしモモ裏をのばす。しっかり行うことで、スプリントやジャッカルの姿勢につながる。左右行う。

▶▶▶ パス・キャッチ

ソラシックツイスト　上半身の可動性を向上する

のばす
20秒

1 四つばいの姿勢から上半身だけを横向きになる。

2 胸の前で両手を合わせる。

3 腰をツイストして、腰まわりの筋肉を十分にのばしていく。反対側も同様に行う。

上半身の可動性をアップすることで、どんな状況でもボールをキャッチでき、より深い角度からのパスも可能になる。

PART1

コツ 05 モビリティトレーニング
自分の体を自在にコントロールする

ここまでは用具や自分の体重を使って、柔軟性のある筋肉をつくってきたが、ここからは自分の力で筋肉や関節を正しく動かす可動性のエクササイズに進む。

アスリートが体を自由自在に動かすことは、競技力向上に直結する大事な要素。そのカギを握るのがモビリティだ。モビリティとは「可動性」であり、自分の体を思い通りにしなやかで強く動かす能力。その要素には平衡感覚や姿勢の維持、筋肉の柔軟性などが関わり、トレーニングを通じて養う。ここからはエクササイズのDATAと合わせてチェックしよう！

> ! モビリティ(可動性)とスタビリティ(安定性)はセットで鍛えことで効果を発揮する。例えば体が空中にある不安定な体勢でもコアが安定していれば、手は自由に動いてキャッチミスを防ぐことができる。

31

▶▶▶ コンタクト

カウキャット
背中や肩甲骨まわりの可動性アップ

1 両手と両ヒザを床につけて四つんばいになる。

2 腰椎ひとつ1つを突きあげて背中を丸める。腹筋を収縮させることがポイント。

3 首から順番に反らしていく。背中と尻を使って骨盤を動かす。

エクササイズDATA カウキャット	▶▶▶ 背中まわりの可動性アップ	広背筋・腹直筋・脊柱起立筋
回数 … 10回	授業で一日中、椅子に座っていた体は凝りかたまった状態にある。トレーニング前に、まずは体の中心から可動性をあげていく。	 体の背面にある広背筋や腹直筋を使って体を動かす。

32

リバースフライ・T
肩甲骨を寄せる力をつけて、胸まわりを強くする

1 両脚を肩幅程度に開いて立ち、上半身は背筋をまっすぐにしたまま前に倒す。

シュラッグ（肩をすくめる）しないように動作する

2 肩甲骨を内側へ引き寄せるように両腕をまっすぐ外側へ開く。そのままの姿勢をキープし、両腕を下へおろしてから再度外側へ開くように上げる。

コツ1

「Tの字」

手のひらは頭の方へ向けて、両腕を真横へ開くようにあげていく。肩甲骨が引き寄せられていくことを感じながら行う。

エクササイズDATA
リバースフライ

肩甲骨・胸郭

胸を開き肩甲骨を寄せることで、胸郭の可動性向上にもつながる

| リバースフライ・T | …10回 | リバースフライ・Y | …10回 |

▶▶▶ **胸まわりの可動性**

正しいコンタクト姿勢をとるために、肩甲骨の安定性を高める。

33

▶▶▶ コンタクト

リバースフライ・Y
肩甲骨周辺の筋肉を安定させる

1 両脚を肩幅程度に開いて立ち、上半身は背筋をまっすぐにしたまま前に倒す。

2 姿勢が崩れないようにしながら肩甲骨を内側へ引き寄せるように両腕を斜め上方向へあげていく。そのままの「Yの字」をキープし、両腕を下へおろしてから再度上へあげる。

コツ1

「Yの字」

両腕は肩幅よりも広い幅を保ちながら、頭上方向へ斜めにあげていく。姿勢はまっすぐ頭の位置は動かないように気をつけながら「Yの字」をイメージして行う。

ヒップローテーション（両脚）　股関節まわりの可動性をあげる

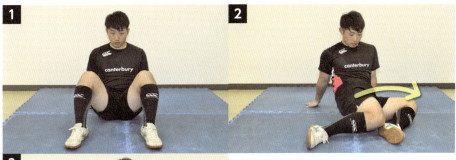

1 両手と両足をついて座る。
2 股関節を動かし、両脚のヒザを床につける。
3 同様に股関節を動かし、逆側にヒザをつける。

ヒップローテーション（片脚）

1 両手と両足をついて座る。
2 股関節を動かし、片脚は立てたまま、もう片脚のヒザを床につける。
3 同様に股関節を動かし、逆側にヒザをつける。

▶▶▶ コンタクト

ヒップローテーション
股関節まわりや体幹の可動性をアップ

1. ヒザを曲げて両足のカカトをつけ、両腕を胸の前で交差させて床に座る。

2. 上半身をひねりながら、片方の脚を外側、反対側の脚を内側へ倒していく。

3. 上半身が真横に向いた状態になる。

4. スタートの位置に戻る。

5. 次に反対側へ向かって上半身をひねっていく。

6. 左右を交互に行う。

エクササイズDATA
ヒップローテーション

回数 … 各左右10回

▶▶▶ **股関節まわりの可動性**

タックルやブレイクダウンで低い姿勢をとるときに使う、股関節まわりは大きなパワーを生み出す筋肉。しっかり動かせるようアプローチする。

股関節まわり

股関節まわりの筋肉を内旋・外旋させる。ストレッチやリリースでほぐした股関節まわりを動きの中で使えるようにする。

36

ブリッジ　背中や尻、モモ裏など体の背面の可動性アップ

1 仰向けに寝て両足の裏と手のひらを床につける。

2 床につけた足と手で押しながら体を持ち上げていく。お腹の筋肉を伸ばし背中をそらせながらブリッジの姿勢をつくる。

エクササイズDATA ブリッジ	
時間	…10秒キープ

▶▶▶ **背中まわりの可動性**

中高生は体の背面がかたい傾向にある。肩や股関節がかたいと腰に負担がきてケガの要因にも。そうならないためにも体の背面の可動性をアップ。

胸椎、腰椎
背中まわりにある胸椎と腰椎を意識してアプローチする。

▶▶▶ スプリント

シングルレッグ RDL
背中やお尻の筋肉と体幹の安定をはかる

1
両手を腰におき、姿勢をまっすぐにして立つ。

2
両手を腰においたまま、上半身を前方に倒しながら片脚を床から離して後方へ。一直線の状態をキープする。左右の脚を替えて交互に行う。

ヒザは少し曲げる

ヒンジを意識する

上半身のお腹は床と平行な状態にする。体を動かすとき、左右どちらかに傾かないように気をつける。

エクササイズDATA
シングルレッグ RDL

回数 … 左右10回

▶▶▶ **股関節まわりの安定性**

股関節を折りたたんで引き込む「ヒップヒンジ動作」と太モモの裏を伸ばしながら、しっかり体を支える動きを意識する。

大臀筋・ハムストリングス

ストレッチやリリースでほぐした大臀筋・ハムストリングスを動きのなかで使う。

※ RDL：ルーマンアンデッドリフト

▶▶▶ パス・キャッチ

ソラシックオープン

体の片側を床につけて横になり、両手を伸ばして片ヒザの下にストレッチボールを置く。

ストレッチボールからヒザが離れないよう内モモに力を入れて抑える。

さらに腰をツイストさせて背中側まで片手を伸ばす。

腰をまわしたとき、ヒザが浮いてしまうのはNG。

ベントオーバーソラシックツイスト (ペア)

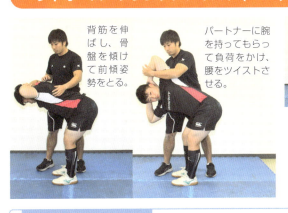

背筋を伸ばし、骨盤を傾けて前傾姿勢をとる。

パートナーに腕を持ってもらって負荷をかけ、腰をツイストさせる。

背筋が丸まってしまったり、パートナーがヒジを持っていると狙った効果が得られない。
※肩にケガがある人は注意。

エクササイズDATA
ソラシックオープン

回数 … どちらも左右5回ずつ

▶▶▶ 捻り動作のアップ

ストレッチをよりアクティブに動かすことで可動性の向上し、パス・キャッチ動作につなげる。

上半身 (胸椎)

どんな姿勢でも下半身を止めた状態で捻る。

39

PART1

コツ 06

スタビリティトレーニング
体幹を安定させて
手足を自由に動かす

! 体の深層部にあるインナーマッスルは、姿勢を維持し、安定せさせるときに働く筋肉。力の出る姿勢を体に覚え込ませて実際のプレーで発揮する。

モビリティ(可動性)が向上しても、体がしっかり安定した状態にないと高いパフォーマンスは発揮できない。モビリティトレーニングと並行して行いたいのが、安定性を高めるスタビリティトレーニングだ。

このトレーニングでターゲットになるのは、体幹を中心とするコアな筋肉で「インナーマッスル」と言われる。**筋力アップというよりも筋力を維持し、正しい姿勢をキープする力をつける。**

体幹が安定すれば、手足をつかったプレーの精度も確実にあがる。特に大きな負荷をかけられない成長期では、**取り組んで欲しいトレーニングの1つ。地道にレベルアップしていく。**

スクラム・コンタクトの基本姿勢　股関節まわりの安定性をあげる

両脚は肩幅よりやや広めの幅で立ち、両ヒザを曲げて壁に両手をつける。背中は床と平行な位置でまっすぐの状態でヒンジをつくることが大事。頭は両手の間に位置し、両手で壁を押さえる。

ヒンジをつくる

上半身を倒したときに、お尻が高すぎて頭が下がらないようにする。ヒザをしっかり曲げて体の位置を確認して行うこと。

エクササイズDATA
スクラム・コンタクトの基本姿勢

時間 … 20〜30秒キープ

※ベンチやバーベル、タイヤなどでも代用できる。

▶▶▶ **股関節まわりの安定性**

低い姿勢から股関節で生み出したパワーを相手に伝えるかたちをマスター。背中をまっすぐにして股関節を折りたたむことを意識する。

体幹・股関節

ストレッチやリリースでほぐした大臀筋・ハムストリングスを意識して動きのなかで使う。

倒立・レベル1　肩の柔軟性と体の安定性をアップ

1. 壁を背にして両手を床につける。
2. 両手でしっかりと体を支えて片脚ずつ壁に沿わせながらあげていく。
3. 壁にしっかりとツマ先をつけながら両脚を伸ばす。
4. 両手を少しずつ動かしながら、体を壁の方へ寄せていく。
5. 目線は床に向けて姿勢を維持。

エクササイズDATA 倒立

レベル1	… 5回
レベル2	… 5~10秒キープ

▶▶▶ 体幹の安定性

ラインアウトでジャンパーやリフターが、争奪場面で上半身を伸ばすときの力を養う。体の安定性が高いことで腕や手も自由に動く。

体幹・肩まわり

両手で全身を支えるが、アプローチするのは姿勢を維持する体幹の筋肉。正しい姿勢をキープする。

倒立・レベル2　体幹の安定性をアップする

1. 壁から数cm離れたところで肩幅より広く開いた両手を床につく。

2. 両手でしっかりと体を支えながら両脚で床を軽く蹴りあげる。

3. 両脚を上方で揃え、頭が内側へ入らないように目線を床へ向ける。倒立の姿勢をつくる。

ネックシーソー　首まわりの安定性を向上する

最初はパートナーの手を持ち、支えてもらってスタートする。

後ろ

1 真っすぐな姿勢で立ち、両腕は体の横におく。サポートする人は両手を伸ばして届かない程度の距離をあけて真後ろに立つ。

2 お互いに声をかけあい動作開始の確認をしてから、前に立った人はそのままの姿勢で後方へ体を倒し、後ろの人が頭をおさえて支える。後方に倒れた人は体を一直線の状態にする。

横

次は頭を支えながら少しずつ横へ体を倒す。体を一直線の状態にする。

前

最後はそのままの姿勢で前方へ体を倒し、頭を支える。前方へ倒れた人は体を一直線の状態にする。

エクササイズDATA
ネックシーソー

 時間 … 各10秒キープ

※体の重さに首が耐えられないと首を傷めるので注意。

▶▶▶ 首まわりの安定性

体を1本の棒のようにして、首から足まで棒のように真っ直ぐな姿勢を保つ。後ろと横（左右）と前から支えてもらう。

首まわり

首まわりの筋肉を意識して姿勢をキープする。

PART2

走力をアップして
パフォーマンスを高める

ラグビーで必要な走力とは、50mや100mでタイムが速いことではなく、フォワードなら3〜5m、バックスなら30mぐらいの短い距離と時間のなかでスピードのオンオフができること。まずはフォームづくりから取り組む。

PART2

コツ 07　ラグビーに必要な走力
ダイナミックに体を動かし走力をアップする

スピード（スプリント）には股関節の柔軟性が大切

　トップスピードが速いほどプレーヤーとして、ランニング面で優位に立てる。特に「最大加速」と「加速頻度」はラグビーで求められる走力の特徴。

　「100mを何秒で走るか」ではなく、**短い距離でもトップスピードに入ったり、体勢が崩れてもスタートを切ったり、相手をかわしたりする走力、ディフェンス面でも相手についていくスピードやステップが求められる。**

　しかし、成長期は手足が伸び、体のバランスも変わってくるので、動作が崩れやすい。まずは正しい体の使い方を覚えることが大切だ。

コツ1
足と腕をしっかり動かし
スピードをアップ

　ランニングスキルを高めるためには、まずは理にかなった正しい体の使い方を身につける。最初はスピードを抑え、正しい体の使い方を重視。足の接地の仕方や体の使い方を理解して、徐々にトップスピードに近づいていく。

コツ2
股関節まわりの
筋肉を鍛える

　速く走るために必要とされる地面を強く蹴る力は、股関節まわりのインナーマッスルが重要なポイント。スタート時の加速力はもちろん、タックル時のストロングポジションにも関連する。股関節まわりの筋肉を鍛えてスピードアップする。

コツ3
接地時間を短く
スピーディーに足を動かす

　ラグビーのゲームではスピードだけでなく、巧みなステップワークを駆使する場面がある。相手をかわしたり、ディフェンスにおいてもボールキャリアをつかまえるためのステップと走力が必須。巧みなステップワークを身につけておく。

プラスワン +1 アドバイス
スピード＋アルファの
走りでスキルアップする

　ラグビーには15のポジションがあり、それぞれ求められる走力やスピードが違う。グラウンドを走るだけでなく、片脚で動作したり、負荷をかけた筋力トレーニングを取り入れていくことでラグビーに必要な走力を総合的に高めていく。

PART2

コツ 08 アンクルホップ
跳ねる感覚をランニングに活かす

その場でジャンプ

1 姿勢をまっすぐキープしながら上方にジャンプする。

2 体をスティックのように棒状にしてジャンプを続ける。

ボールを持って走るだけでなく、相手を追いかけてタックルするなど、ランニングスピードが速いプレーヤーは、プレーにおいて大きなアドバンテージがある。

<u>ランニングはジャンプ動作の繰り返し。速く走るためには足裏で地面を押し、その反作用（地面反力）を使うことが大事</u>。効率よく地面反力を得るために、体を棒状にして小刻みなジャンプで感覚を養う。縄跳びのように「トントン」とリズムよくジャンプする。

最初はその場で行い、慣れてきたら前方に進む。このときヒザが曲がったり、姿勢がブレてしまうと地面反力を得られない。

エクササイズDATA
アンクルホップ

その場	… 10回
前に進む	… 5〜10m

▶▶▶ ランニングフォームづくり

弾みながら地面からの反力をもらう。頭から足先まで一直線の姿勢を崩さないように足首の曲げ伸ばしではなく、体をかためてバネのように接地時間を短く跳ねる。

体幹・足首

ジャンプ中や前進するときに体幹をぶらさずに、まっすぐな姿勢をキープする。

前に進む

1 姿勢をまっすぐキープしながら少しずつ前方に進む。

2 腰を反ったり、曲げたりせずスティック(棒状)の姿勢をキープして進む。

✕ ヒザが曲がるのはNG

着地時にヒザが曲がり過ぎてしまうと、スティックが崩れてしまい地面反力が得られない。足首をしっかりかたくしてジャンプを繰り返す。

PART2

コツ 09 シャープニーマーチ
骨盤を高くあげて腕をしっかり振る

シャープニーマーチ

トップスピードで走ったとき、**その姿を横からみると数字の「7」のように前足のモモがあがり、後ろ足はまっすぐ伸びているのが理想。** ゆっくり歩きながら地面を押すと同時に骨盤を引きあげ、軸足側の腕を振りあげを意識する。

1 姿勢をまっすぐキープしながら、最短距離でモモを折りたたむようにして脚をあげる。

2 その場であげていた脚を地面におろし、同時に逆足をあげる。これを繰り返す。

コツ1
尻に力が入った状態にする

骨盤から脚をあげようとすると、軸足側の尻はかたくなる。尻は走るときのエンジンの役割をする。骨盤を進行方向に向けて、高く引きあげることがポイント。

エクササイズ DATA
シャープニーマーチ

距離 … 10回

体幹・股関節（腸腰筋）
ヒザが最短距離で前に出てくるように意識する。

▶▶▶ **ランニング動作づくり**
走っているときの脚の軌道をチェック。体を一直線を保ちながら脚を動かす。

PART2

コツ 10

ヒップロック
尻の筋肉を動かして より高く骨盤をあげる

ヒップロック

1 直立姿勢から両手を上にあげてスタート。

2 お尻の筋肉を使って、軸足の反対側の骨盤を高くあげる。

3 あげていた脚をおろし、逆脚を高くあげる。これを繰り返して前に進む。

コツ 1

尻の筋肉を意識しにくい人は、壁に手をつけて体を安定させてモモ、そしてお尻を動かす。そうすることで歩いているよりも骨盤を動かすことができる。

エクササイズ DATA ヒップロック

距離 … 10m

▶▶▶ ランニング動作づくり

体幹・股関節（中臀筋）

足が接地したときの骨盤の動きを理解する。

ランニングでは接地時に軸足と反対側の骨盤が引きあがる動きによって、推進力を得ることをイメージする。

51

PART2

コツ 11

ハイニー
骨盤を高くあげて進み左右の脚を入れ替える

ハイニー

1 シャープニーマーチをスピードアップしてリズミカルに前へ進む。

2 モモをあげるとき、骨盤の入れ替えをすばやくすることがポイント。

3 体はスキップのように浮きあがらず、空中で脚が入れ替わるぐらいのスピードを意識して行う。

コツ 1

片足だけでモモをあげる

地面を押す感覚とお尻の筋肉を意識するために、片脚のみモモをあげて行う。脚をあげるときは軸足側の腕もしっかり振りあげて行う。

エクササイズ DATA
ハイニー

距離 … 10m

 ランニング動作づくり

 股関節まわり・全身

頭から軸足までが一直線になるように保つ。

シャープニーとヒップロックを意識しながらリズムよく脚を入れ替える。

PART2

コツ 12

スキップ
大きく体を動かし 骨盤で走るイメージを持つ

スキップ

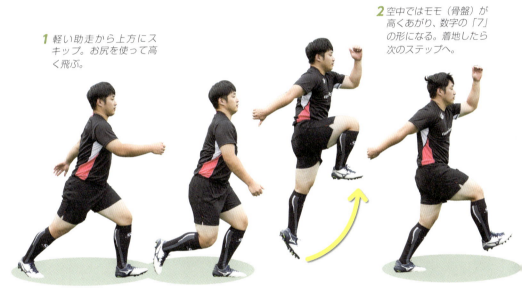

1 軽い助走から上方にスキップ。お尻を使って高く飛ぶ。

2 空中ではモモ（骨盤）が高くあがり、数字の「7」の形になる。着地したら次のステップへ。

モモを高く引きあげながらスキップし、腕を大きく振って前に進む。この段階ではスピードは意識せず、上方に飛び跳ねるようにして、骨盤を大きく動かす。姿勢が崩れてしまわないように注意し、<u>モモを引きあげたとき「7」の数字のかたちを意識することで歩幅とストライドを大きくする。</u>

エクササイズ DATA スキップ		股関節・全身
距 離 … 20m		リズムよく大きな動作で腕と脚を振る。

▶▶▶ **ランニング動作づくり**

シャープニーの脚の軌道で動作し、ヒップロックの軸足と反対の脚の引きあげを意識する。

PART2

コツ 13 バウンディング
大股で跳ねる動作で強く前方に進む

バウンディング

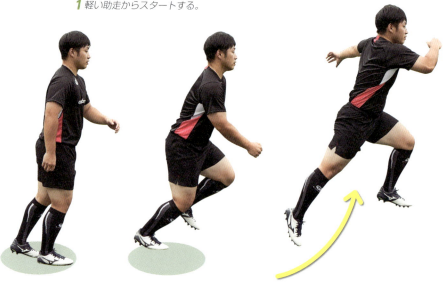

1 軽い助走からスタートする。

2 腕を大きく振りながら、地面を強く蹴って前方に跳躍する。

　バウンディングはスピードアップをテーマとしたトレーニングの最終段階。**大股で弾むようにして大きく前に進むことで、一歩で進む距離を伸ばし、股関節まわりの筋力をアップさせる。**
　片足で地面を押したとき、もう片足を前方に引きあげるイメージ。これはスキップやハイニーが上方だったのに対し、前に進む意識をより強く持つことがポイントになる。
　姿勢はやや前傾となり、接地時間は短く、股関節内の筋肉を使って、大きくストライドをとることでランニングのスピードをアップさせる。

エクササイズDATA バウンディング	▶▶▶ **ランニング動作づくり**	股関節・全身
距離 … 20m	効率よく地面から反発をもらうために、大きく開いた脚をすばやく入れ替えること。接地時間を短くすることがポイント。	スキップやハイニーよりも力強い動作で地面を叩くようにして進む。

3 続けて着地した足で強く蹴って、さらに前に進む。

4 できるだけ体を大きく使って、大きな力を発揮する。

コツ1

ストライドを大きくとってスピードアップ

　体全体を大きく使ってジャンプ。左右の手を大きく振ることはもちろん、地面を蹴った後ろ足をしっかり伸ばすことで一歩一歩の距離を伸ばす。ストライドを大きく、接地時間を変えずに行う。

55

PART2

コツ 14

立ち幅跳び
股関節やヒザ関節を伸展させて大きくジャンプする

両足

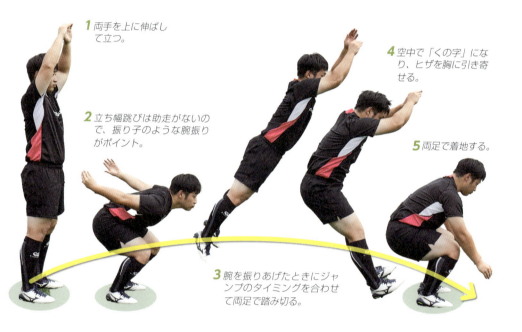

1 両手を上に伸ばして立つ。

2 立ち幅跳びは助走がないので、振り子のような腕振りがポイント。

3 腕を振りあげたときにジャンプのタイミングを合わせて両足で踏み切る。

4 空中で「くの字」になり、ヒザを胸に引き寄せる。

5 両足で着地する。

　ラグビーをはじめとするスポーツの多くは、重心移動する際のスピードやパワー、つまり「瞬発力」がパフォーマンスに直結する。

　特に体幹の筋力が生み出すパワーは重要な要素。立ち幅跳びは、その飛距離で「瞬発力」の高さを測定することができる。

　ジャンプ時に腕を大きく振り出して、全身を伸ばして空中に跳ぶことがポイント。空中では体を「くの字」に曲げてヒザを胸に引き寄せると飛距離が伸びる。

　下半身のパワーだけでなく、全身の筋肉を協調させてダイナミックに動作することが大切だ。

エクササイズDATA 立ち幅跳び	▶▶▶ **加速力のアップ**	全身・股関節まわり
両足 … 5回 片足 … 5回 連続ジャンプ … 5〜10m	腕の力も使って全身が一直線になるように、斜め前方に跳び出すことで加速力の向上につながる。「片脚」はスタート動作に近づいたメニュー、「連続ジャンプ」は伸ばした脚の引きつけと着地で次のジャンプ姿勢になっていることが大事。	「両足」から「片足」「連続ジャンプ」と段階的に進むことで強度がアップする。

片足

1 次は片足で立ち幅跳びを行う。

2 腕を大きく振り、前に振り出すタイミングと踏み切りを合わせる。

3 跳び出した後は、ヒザを胸に引き寄せ抱え込むように着地する。

連続ジャンプ

1 両足の立ち幅跳びを連続で行う。

2・3 ジャンプしたら着地、その場で腕を振ってジャンプを繰り返し、5〜10m程度進む。

4 目線は常に目標地点より先を見てジャンプすることを心掛ける。

57

PART2

コツ 15

スタートの重要性
スタートが速ければ
プレーのオプションが増える

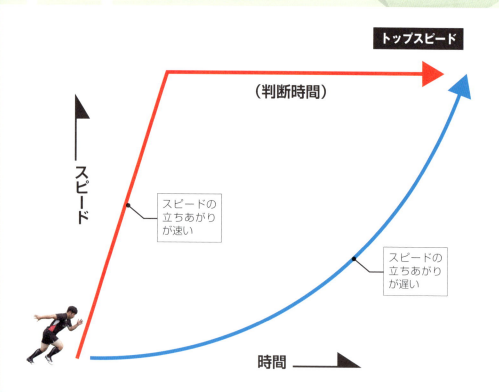

　ラグビーでは50mや100mのタイムよりも、ランニングの速度や加速度が注目される。上図を見てわかるようにスタート時の加速度が速いプレーヤーは、トップスピードを維持しながらプレーの判断時間がとれる。**一方で徐々に加速していくタイプのプレーヤーは、トップスピードに達して何かをしようとしても、プレーの選択肢が限られてしまう。**タックラーが全力疾走でボールキャリアーに追いついても、簡単にかわされてしまうのは、トップスピードまでのプロセスの違いと言える。

　良いプレーヤーの条件である状況判断やリアクションの速さ、プレーのオプションのチョイスにおいても明らかに前者が上回る。

PART2

コツ 16

スタートの基本姿勢
上体とスネを傾けて腕の振りを使ってスタート！

片ヒザスタート

体が反って腕の振りが小さい。

1 片ヒザをついて前かがみになり、腕を振って一気にスタートする。

2 このとき姿勢はやや前傾になり、股関節内の筋力を使って力強く一歩を踏み出していく。

前傾姿勢

スネを傾ける

重心移動

　ラグビーでは、さまざまな体勢から一気にトップスピードに入り、相手と競うことができる走力が求められる。決められた距離をタイムで上回ることが目的ではない。
　スタートは、やや前傾姿勢からの形が基本。その姿勢から一気にスタートし、加速を維持して走る。ゲームの状況によっては、基本ポジションがとれないところからのスタートも必要になる。**あらゆるゲームの状況を想定してスタートのスピードを高めていく。**
　片ヒザつきのスタートでは、スネを斜めにして体が倒れる力の加速を活かす。

PART2

コツ +α

スタートの種類
倒れた状態から起きあがってスタートポジションに入る

うつ伏せからスタート

1 コンタクト直後、地面に倒れた後の動き出しの速さで相手を上回る。足を伸ばしたうつ伏せからスタート。

姿勢をキープしながらすばやく動作する

うつ伏せから立ちあがるとき、全身の力を使って跳ね起き、一動作でスタートのポジションに入ることがベスト。

動作中も背中が曲がっているとスピーディーに起きあがれないので注意。立ちあがってスタートポジションに入るまでにもう一動作が必要になる。

エクササイズDATA
スタート

片ヒザつき	… 左右5m×2
うつ伏せ	… 5m×3
ローリング	… 5m×3

▶▶▶ 加速力のアップ

片ヒザをつくことで、スタート時の前傾姿勢と力を加える方向を身につける。「うつ伏せ」と「ローリング」は、タックルやブレイクダウンで倒れた状態からすばやく起きあがって走り出すことを想定している。

全身・股関節まわり

股関節まわりの筋肉を使って、勢いよく飛び出しスタートする。

60

2 腕立て伏せから体を起こしながら、一動作でスタートポジションをつくる。

ローリングからスタート

1 体勢をコントロールできない状況からもすばやくスタート。

2 地面で体を回転させてから、瞬間的に仰向けの状態となる。

3 腕の力を使って足を引き寄せてストロングポジションへ。

61

PART2

コツ 17 前後ステップ
すばやくさがってアクセルポジションに入る

前後ステップ

1 すばやく細かいステップから後ろにさがる。

2 戻ったところでスタートを切れる体勢のアクセルポジションに入る。

3 腕を振ってスタート。一気に加速する。

エクササイズ DATA 前後ステップ	全身・股関節まわり
距離 … 5m×3	セットしたときに姿勢が崩れないよう注意する。

▶▶▶ **加速力のアップ**

ディフェンスラインをつくるときのように、バックステップからセットしてスタートする。

PART2

コツ **18**

ラテラルジャンプ
股関節にためたパワーを使って横方向に移動する

ラテラルジャンプ

1 片足で体を沈めて横方向へのジャンプの準備。
2 片足で強く踏み切り、横方向に飛ぶ。踏み切った逆足で着地する。
3 着地と同時にストロングポジションをとる。次のジャンプに備える。
4 地面についている足とは逆に跳ぶ。これを繰り返す。

ラテラルジャンプは、切り返しやフェイント動作などで活用できるステップ動作。片足立ちの体勢から横方向にジャンプし、足を入れ替えて着地する。このとき腰を落として体を沈めること。そこから股関節内で力を蓄えてから逆横方向にジャンプ、これを繰り返す。

 … 左右5回ずつ

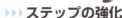 ステップの強化

横方向への切り返しを意識する。体幹の安定性のアップとステップのシーンでの横の動きを強化する。

着地時に体がブレないようにヒンジ動作で次のジャンプへ。

63

COLUMN

ブロンコテストで自分の走力とスタミナをはかる

　ラグビーで必要とされる走力である最高速度や加速度を高めるトレーニングに加え、ゲームで走り続けられるスタミナも高めておく必要がある。どんなに良いプレーをしていてもスタミナが続かなければ交代を余儀なくされる。

　ラガーマンの走力をはかるときに行われるのが「ブロンコテスト」だ。やり方は20m、40m、60mの位置に目印を置き、①最初にスタートラインから20m地点まで走って戻り、②次に40m地点まで走って戻る、③最後に60mラインまで走って戻り1本。これを5本繰り返す。

　慶應義塾高校ラグビー部の場合、バックス平均で4分55秒、フォワード平均で5分15秒が目安となる。

　マラソンのように長い距離を走るのではなく、トータルで1.2kmのランニングだが、三種類の距離をダッシュ＆ターンすることがラグビーの走力につながる。

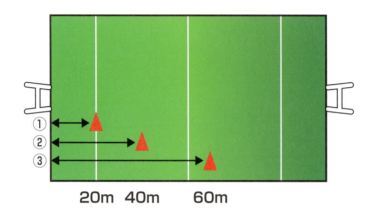

PART3

試合で活躍できるコンタクト動作の基礎を身につける

コンタクトスキルをアップするには、ゲーム形式の練習が最適。しかし、実戦はケガのリスクが高い。実戦とトレーニングのバランスを考え練習メニューをつくってコンタクト力をアップしていく。

PART3

コツ 19

姿勢づくり
低い姿勢から相手とのコンタクトで優位に立つ

タックルの流れと構成をチェックする

- **アクセルフェーズ** — ボールキャリアに対して加速して近づく。
- **サーチング** — 相手の動きを見極めてタックルの準備に入る。
- **パワーフット** — コンタクト直前は強い姿勢をとって踏み込む。
- **コンタクトフェーズ** — 相手にしっかり密着して自由を奪う。

　ラグビーは他の球技と違ってプレー中の「コンタクト」が可能なスポーツ。ボールキャリアを止めるタックルだけでなく、ボールの争奪場面で相手とのコンタクトの優劣が勝敗のカギを握る。単純計算では、体重の重いプレーヤーが優位と言えるが、サイズの小さいプレーヤーであっても**コンタクト力をアップするためのトレーニングやウエイトトレーニングを行うことでスキルが向上できる。**

　実際のコンタクト場面では、相手に力負けしない姿勢がポイント。ノミネートしている段階からすばやく前に動き出せる姿勢をとり、相手とのコンタクトでは「低い姿勢」で当たることで優位に立つ。

コツ 1

すばやく動き出せる姿勢で相手をノミネート

コンタクト前の動き出しの場面では、相手をノミネートし、すばやく動き出せるよう体を前傾させた姿勢をつくる。目線が下を向いたり、腰が曲がっているのはNG。相手とのコンタクトで正しい当たり方ができない。

コツ 2

低い安定した姿勢で相手にコンタクトする

ノミネートから走り出し、相手とコンタクトする場面では、より低い姿勢で当たることがポイント。目線をあげて背筋を伸ばし、股関節にしっかり力を入れる。この姿勢で当たったり、押し合うことで相手とのコンタクトで優位に立てる。

コツ 3

強い姿勢を維持して相手をコントロールする

脇を締めて相手のふところに踏み込み、バインドしたら「押す・引く」など動きのなかでの駆け引きする。どのような状況でも自分の姿勢を崩されないこと。目線や背筋に注意しながら、体幹の力を使って相手をコントロールする。

プラスワン アドバイス

コンタクトに勝つための五つの要素を理解する

ラグビーのコンタクトで勝つための状況「5win」を理解することが大事。その内容は「強さ」「低さ」「速さ」「人数」「反復」の五つの要素。このうち3つ以上が整っていれば、相手とのコンタクトで勝利する確率がぐんと高まる。意識してプレーしよう。

PART3

コツ 20 馬跳びくぐり
すばやく低いタックル姿勢に入る

馬跳びくぐり

1 2人1組になって馬跳びをスタート。
2 馬を跳び越える。
3 着地したらすばやくターンする。
4 相手との距離で目安となる「1アーム」でタッチする。

ラグビーのゲームではタックルで相手を倒しても、自らもすばやく起きあがる「リロード」の動きが重要。連続するアタックに対応するためにも、すばやく立ちあがって次のプレーに動き出せるフィットネスが必要になる。馬跳びくぐりを連続で行うことで一連の動作を習慣づける。

 コツ1
ヒザをつかずにスピーディーに動作する

低い姿勢でタックル(またはコンタクト)したあとは、両足を動かして相手を前方に押し倒す。このときヒザがついてしまうのはNG。馬跳びくぐりでも、このポイントを意識し、馬の足元をくぐるときはヒザをつけないで行う。

68

エクササイズDATA	▶▶▶ **低い姿勢づくり**
馬跳びくぐり	ジャンプした後にすばやく姿勢を低くし、股下をくぐり抜ける。タックル時に相手の前で低くなりコンタクトする姿勢づくりをイメージする。
回数 … 10秒	

体幹・股関節まわり

両足で踏み切りジャンプすることで股関節まわりのパワーを使う。

5 すばやく低い姿勢になってペアの足の間に踏み込みふところに入る。

6 低い姿勢から足の間をくぐり抜け、レッグドライブを習慣づける。

馬跳びくぐりの流れで実際にタックルする

馬跳びくぐりの流れで実際にタックルに入ってみると、理想的なタックルのプロセスを体現できる。相手と適正な距離で踏み込み、すばやく低くなってふところに入ってタックル。そうすることでボールキャリアーを反対方向に押し込んで倒すことができる。

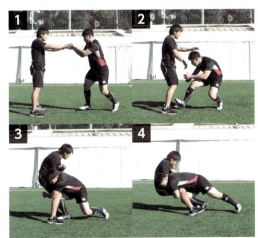

PART3

コツ 21

パメリングヒット
相手に密着して重心をコントロール

立ち姿勢

1 相手と1～2アーム（腕の長さ）の距離で向き合う。

2 タイミングを合わせ、自分の肩を相手の胸に当てる。

3 相手を引きつけ両腕と脇を使って密着する。相手の自由を奪う。

4 相手との1～2アーム（腕の長さ）の距離に戻る。

5 足を踏み込み、コンタクト体勢に入る。

6 自分の首と両腕の3点のトライアングルで、相手の重心のコントロールを奪う。

エクササイズDATA パメリング	▶▶▶ 立ち姿勢づくり	 体幹・全身
立ち姿勢 … 左右3回ずつ うつ伏せ … 左右3回ずつ	コンタクト時の基本となる立ち姿勢をマスターする。うつ伏せ姿勢からすばやく立ち、相手にヒットするバージョンも行う。	全身を使って相手と組み合う。特に体幹の強さと首、両腕のトライアングルが大事。

うつ伏せ

1 2人組でうつ伏せになり、両手のひらと足先を地面につける。

2 合図で立ちあがり、強く踏み込み肩と胸を当て3点で相手と密着する。

パメリングは、ゲームに入る前のウォーミングアップ段階で取り入れることが多い。まさにコンタクトの導入で、相手がいればいつでも簡単にできる。動作中は目線をあげ、しっかり背筋を伸ばしたまま、自分の肩を相手の胸に当て、首と両脇で密着する。しっかり正しい姿勢をキープすることがポイント。

地面にうつ伏せからスタートするパメリングは、さらに実戦向けにアレンジしたトレーニング。うつ伏せから立ちあがってストロングポジションに入り、足を踏み込みすばやく相手に体を当てていく。うつ伏せから一動作で強い姿勢がとれるよう練習する。

PART3

コツ 22

グランドワーク（アニマル）
姿勢や体位を変えてすばやく動く

アヒル

コンタクト時により低い姿勢でプレーすることができれば、相手を押し込むことができる。特に股関節まわりの筋肉は、大きなパワーを出力する部分。動物のような低い姿勢をとって、股関節まわりの筋肉に働きかける。最初はぎこちない動きでも繰り返しトレーニングすればスムーズになる。地道にエクササイズを続けよう。

1 ヒザを曲げて腰を落とした姿勢で前進する。

2 体が上下しないように、両手でバランスを取りながら脚を前に出していく。

3 低い姿勢のまま、股関節・足首を動かしていく。

4 低い姿勢で股関節まわりの筋肉を動かし前に進む。

エクササイズDATA グランドワーク（アニマル）	
アヒル	… 10m
ワニ	… 10m
ベア	… 10m

▶▶▶ 低い姿勢づくり

アヒルは、タックル時の足の運び方にもつながる。ワニとベアはブレイクダウンで低い姿勢のまま動く体の使い方をマスターする。

体幹・股関節・足首

グランドワークはおもに股関節まわりの筋肉に働きかける。アヒルは足首、ベアは肩なども使う。

ワニ

1 両手を地面につけ、両脚は真っすぐに揃えてスタート。

2 できるだけ低い姿勢で、片手と片脚を交互に前に出す。

3 動作中は姿勢をキープする。

4 ゆっくり丁寧に手足を交互に動かし前に進む。

カカトを地面につける

前を見る

ベア

1 両方の手のひらを地面につけ、四つんばいの姿勢なる。

2 片手と片脚を交互に前に出して前進する。

3 股関節で生み出したパワーを相手に伝えるために背中をまっすぐに、股関節を折りたたむことを意識する。

4 動作中は背筋はまっすぐにし、頭が上下しない姿勢をキープ。

前を見る

PART3

コツ 23 ウォーク
低い姿勢ですばやく自由自在に体を動かす

1 2人組で向き合い、四つんばいになる。
2 合図で姿勢をキープしながら動きはじめる。
3 相手の腕にタッチしたらポイントになる。
4 さらにレベルアップし、相手の尻にタッチしたらポイントになる。

低い姿勢で自由自在に体を動かすことができれば、ラックなどのボール争奪の場面で高い能力を発揮できる。相手のタッチをかいくぐり、すばやくポイントを奪いに行く。スキルに応じてタッチする箇所を変えて競うことも効果的だ。

エクササイズ DATA ウォーク

時間 … 30秒

▶▶▶ 低い姿勢づくり

体幹・股関節まわり
動作中に頭が下がって尻が浮いたり、背中が丸くならないように注意する。

PART3

コツ 24

ポジションキープ
相手の力に負けない強い体幹をつくる

ヒザを浮かせた四つんばいの姿勢になる。相手役は肩や尻に両手でつかみ、体を押したり引いたりして体勢を崩す。その力に対抗するように四つんばいの姿勢をキープ。足や手のひらが地面から離れてしまわないように注意する。

マイボールを継続するために必要な「オーバー」の場面では、相手の押す・引く力に対して、低い姿勢で体をじっとキープすることがポイント。背筋を伸ばして、ヒザをつかずに体幹の力でしっかり体を支える。姿勢が高かったり、バランスが一度崩れてしまうのはNGだ。

エクササイズ DATA ポジションキープ

時間 … 10秒

▶▶▶ 低い姿勢づくり

相手役に様々な方向から負荷をかけてもらい、それに対して低い姿勢を維持して耐える。

体幹・肩・股関節まわり

ヒザは地面につけず、体幹や股関節まわりの筋肉に力を入れる。

PART3

コツ 25 親子
低い姿勢を維持して バランスをキープする

両ヒザを地面つけず、四つんばいからスタート。ペアは背中を合わせる形で横になる。乗せた相手が落ちないようにバランスをキープする。

低い姿勢を維持したまま、背中に相手を乗せてバランスをキープする。相手が乗ることで体幹の筋肉に適度な負荷がかかる。背中に乗るペアはヒザを90度にキープして足をあげ腹筋を鍛える。さらに応用としては、背中に乗せたまま前進することもできる。

エクササイズ DATA
親子

時間 … 20秒

▶▶▶ 低い姿勢づくり

体幹・肩・股関節まわり
ヒザは地面につけず、体幹や股関節まわりの筋肉に力を入れる。

上に乗っているパートナーが落ちないように低い姿勢を維持する。慣れてきたらそのまま前進する。

PART3 コツ26

首まわり
頭に力を加えて首まわりを強化する

四つんばいの姿勢なる。ペアは頭を両手で押さえながら、ゆっくり力を加えていく。押された力に負けないように首まわりや肩に力を入れて状態をキープする。

低い姿勢になったとき、注意しなければならないのが頭がさがってしまうことだ。これは大きなケガの要因。基本は目線を前方にキープし、前を向いている状態にする。プレー中でも常に正しいフォームがとれるよう背筋や目線などに注意して姿勢づくりをする。

エクササイズ DATA 首まわり	
回数	前左右 5秒キープ (5セット)

▶▶▶ 首まわりと姿勢の強化

体幹・首
首の負荷に気をとられて、低い姿勢が崩れないように注意する。

首への負荷をかけることで、低い姿勢がより実戦に近い状態でトレーニングできる。

PART3

コツ 27

バックツイスト
ブレイクダウンから抜け出せるすばやい動きを身につける

1 仰向けの状態で両手と両脚をあげる。背中を地面につけたまま、背中と腰を動かして横方向に移動する。

2 両手と両脚を同時に逆方向に動かしながら、体を地面に滑らせていく。

タックル直後のブレイクダウンでは、プレーヤーが倒れ込んだままでいるとペナルティーにつながる。手や足が自由に使えなくても体幹の筋肉を可動させて、すばやく体を動かしていく。腹筋や背筋などにアプローチする。

エクササイズDATA
バックツイスト

距離 … 5m

▶▶▶ 体幹の強化

体幹
腹まわりの筋肉を使って体をスライドさせる。手と足のアクションも入れると効果的。

ブレイクダウンなど、倒れて巻き込まれたときに抜け出すことを想定したトレーニング。

PART3

コツ 28

ゾンビウォーク
うつ伏せの姿勢で自在に動ける力をつける

1 うつ伏せの状態で両脚をあげ、腹と両手を使って体を横方向に動かす。

5 ヘソを進行方向に向けることを意識して動作する。

前ページと同様、ブレイクダウンからの離脱時に使う動作のひとつ。うつ伏せの背中に人が乗って立ち上がれないようなときは、手とお腹のだけの力で体を横方向に動かす。どちらの方向にも進めるようトレーニングする。

エクササイズDATA
ゾンビウォーク

距離 … 5m

▶▶▶ 体幹の強化

体幹
腹まわりの筋肉と腕を使って横方向に体を動かしていく。

密集で巻き込まれたときや下敷きになったときに、すばやく抜け出すことを想定したメニュー。

PART3

コツ 29

バウンスアップ
一動作で体を起こしてストロングポジションになる

1 立位の姿勢で準備する。

3 立ちあがってストロングポジションをとり、前方にダッシュする。

2 合図でうつ伏せの姿勢になり、1動作で立ちあがる。

上半身が先行し、腕と足が遅れて動く「2動作」はNG。

立ちあがるときは一動作ですばやく行うことがポイント。同時に強い姿勢＝ストロングポジションをとっていつでもダッシュできる状態になる。ストロングポジションがとれていれば、前に走るときはもちろん、相手のタックルを受けても簡単に倒されない。

エクササイズ DATA バウンスアップ

回数 … 10回

▶▶▶ スタート姿勢づくり

体幹・股関節・肩まわり

起きあがるときは、腕と股関節の力を使ってスタート姿勢をつくる。

倒れた状態からすばやく立ちあがる。ワンモーションで起きあがりスタート姿勢をとることがポイント。

PART3

コツ 30

ゲットアップ
スピーディーに起きあがり動ける姿勢にスイッチ

1 地面に仰向けで横になる。

2 合図で上半身を起こして立ちあがる。

3 片手を地面について体を支え、足を抜くようにして後ろへ。

4 立ちあがったらストロングポジション、すばやく動き出せる体勢をとる。

仰向けの状態から、できるだけすばやく立ちあがる動作をマスターする。一動作で立てない場合は、地面に手をつき体をコントロールしながら、足のつく位置をストロングポジションに持っていく工夫が必要だ。どちらのサイドもできるよう練習しよう。

エクササイズDATA ゲットアップ

回数 … 左右5回ずつ

▶▶▶ スタート姿勢づくり

体幹・股関節
起きあがるときは片腕と片足を地面につき、股関節の力を使ってスタート姿勢へ。

仰向けの状態からすばやく起きあがるトレーニング。ワンモーションで起きあがれるよう対角の手足を使って立つ。

PART3

コツ 31 — モンキーツイスト
不安定な体勢で体をコントロールする

1 両手両足を地面につけた四つんばいの姿勢になる。

2 合図で体を開きながら、左右の相対する片手と片足を地面から離す。

3 片手片足でバランスをキープしながら、逆の片手と片足はあげてキープ。

4 左右の手足を入れ替えて同様に行う。

体が倒れたり、倒れそうになったときでも平衡感覚を失わず、体のバランスは維持できていることが理想。相手につかまりながらのオフロードパスなどが好例。体勢が崩れてもボディバランスが維持できていれば、コントロールされたパスを出すことができる。

エクササイズ DATA
モンキーツイスト

回数 … 左右5回ずつ

▶▶▶ **体幹の安定性**

体幹・股関節・肩まわり
体幹を中心にバランスをキープ、手足を自由自在に動かす。

プレー中に倒れたときや転がったときなど、自分の体が回転しても常にバランスを取ることができるようになる。

PART3

コツ 32　ターン
崩れそうな体勢で体をコントロールする

1 両手両足を地面につけた四つんばいの姿勢になる。
2 合図で体を開き、片手と片足を地面から離す。
3 腹を上に向けて両手両脚を地面につける。
4 続けて体をまわしながら、片手と片足を地面から離す。
5 1の体勢に戻る。
6 さらに体を開き、片手と片足を地面から離す。一連の動作を繰り返す。

バランス感覚を養うため、難易度をあげて体を回転させる動作を取り入れる。体がまわっても常に正しい姿勢をキープできることがポイント。両手を地面についたときは、目線をあげて背筋を伸ばし、股関節まわりの筋肉にスイッチが入った状態になる。

エクササイズDATA
ターン

回数 … 左右5回ずつ

▶▶▶ 体幹の安定

体の向きが一回転する。体が回転しても安定する場所に手足をつき、体を支える。

体幹・股関節・肩まわり
体幹を中心にバランスをキープしながら、手足を自由自在に動かす。

PART3

コツ 33 カチアゲ
首を寄せて前に出る

1 立位で構えた相手に対し低い重心の姿勢をとる。

2 体勢を低くして足を前に出すと同時に、相手の腰に肩を当ててバインド。

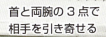

首と両腕の3点で相手を引き寄せる

3 下から上に向かって相手を持ちあげるようにして、体を抱えて肩にのせる。

別バージョン

慣れてきたら、そのままかついで前に進む。10〜20m。

エクササイズ DATA カチアゲ	体幹・下半身・肩まわり
回数 … 左右5回	股関節まわりの筋肉のパワーを使って一気に持ちあげる。

▶▶▶ パワーの強化

相手の目の前で沈み、下から上に持ちあげる。手先で持ち上げるのではなく、自分の肩に乗せて俵を担ぐイメージ。

85

PART3

コツ 34
パワーポジションドライブ
強い姿勢のかたちや力の入れ具合をチェック

足を一歩前に出し、ツマ先とヒザを同じ方向に向ける。このとき前傾で背中はまっすぐにして強い姿勢＝ストロングポジションをつくって前進する。

これに対して相手役は、肩のあたりを押す。姿勢が崩れないようキープ。練習者は姿勢を維持したまま前に進む。頭がさがったり背中が丸まってしまうのはNG。

強い姿勢＝ストロングポジションのかたちや力の入れ具合をチェックする。タックルで当たる肩を押してもらうことで、その一点に力を集中できる姿勢をイメージする。相手の圧力に対して頭がさがったり、腰が丸まってしまうと押し負けてしまう。常に正しい姿勢を意識する。

エクササイズ DATA
パワーポジションドライブ

距離 … 10m

▶▶▶ 姿勢の強化

相手役に正面に立ってもらい、ヒットする部分の肩を押してもらうところからスタート。

体幹・下半身・肩まわり

体幹を中心にバランスをキープしながら、強い姿勢をつくる。

PART3

コツ 35
プッシュ・プル
相手との力勝負で押し引きを工夫する

相手とのコンタクトは瞬時に決着がつくケースばかりではない。相手と組み合い、押し引きすることで体勢を崩すことができるポイントを理解する。「押す」力に対し、相手が押し返したときに「引く」、あるいはイーブンな体勢では腕を引きつけ、相手の背筋を伸ばし体勢を崩しに行くこともポイント。

1 足を一歩前に出し、腰付近へ両手をまわして組み合う。

2 組み合った状態から相手の体を引きつけて、体勢を崩しにかかる。

3 体勢を維持しながら相手のバランスを左右に崩すように仕掛ける。

エクササイズ DATA
プッシュ・プル

回数 … 3回ずつ

体幹・下半身・肩まわり
「プッシュ」と「プル」どちらの状態でも姿勢を崩さずに密着して相手に力を伝える。

▶▶▶ **姿勢の強化**

パメリング姿勢から押し合ったり引き合ったりする。合図で「プッシュ」と「プル」をランダムに切り替える練習も効果的。

PART3

コツ 36

ヒザつきレスリング
体幹を安定させて相手の体を制圧する

> レスリング（ヒザ立ちから）

1 ヒザ立ちで向き合い、腰付近へ両手をまわす。

2 組み合った体勢から、相手を前後左右に動かして体勢を崩す。

　ラグビーはコンタクトがあるスポーツといっても「格闘技」ではない。トレーニングにおけるレスリングの要素は、あくまで相手の体勢を崩すための駆け引きであり、そのプロセスにおいては、自分の体勢も崩されないよう常に強い姿勢＝ストロングポジションをキープすることがポイントになる。

　対人のトレーニングでは、相手との体格差や力関係が大きく関わるが、<u>正しい姿勢を維持することで「強い相手」であっても、粘り強く戦うことができる。</u>

　日頃のトレーニングで獲得したスキルを上手に使って相手を上回るコツをマスターする。ヒザ立ちや押さえ込み、うつ伏せなど状況別にトレーニングする。

| エクササイズDATA
レスリング | レスリング
各種目 … 10秒3回ずつ | 全身 |

全身：各種目共通して、全身の筋肉を使って動作する。ヒザ立ちからのレスリングは、特に体幹・上半身・肩まわりを使う。

▶▶▶ コンタクト力のアップ

最初はヒザつきのバインドした状態から、上半身の力で相手を倒す。手先で動かそうとせず、密着した状態で相手を動かすことを意識する。「抑え込み」からは、ブレイクダウンで巻き込まれたときなどを想定。下になった人はすばやく抜け出して次の動作に備える。さらに「うつ伏せ」を返されないように耐えるパターンと「うつ伏せ」状態から抜け出すパターンがある。

3 駆け引きしながら相手の体勢を崩す。

4 相手を倒し、体で覆いかぶさる。相手を地面に押しつけ、抜けられないようにバインド。下は最後までファイトして抜け出すように動く。

※立ちあがるのは危険。ヒザや腰などのリスクがある。

コツ1 股関節のパワーを上半身に伝える

　ヒザ立ちのレスリングは、上半身だけの攻防になるため、目線のキープや背筋の前傾を保つことがポイント。前傾姿勢が崩れ、腰が反ってしまうと相手に倒されてしまう。股関節を前傾させて、正しい姿勢を維持できるよう体をコントロールすることを心がける。

レスリング（抑え込みから）

レスリング（うつ伏せ返し）

1 手足を広げてうつ伏せになり、できるだけ重心を低く保つ。相手役は肩や腰を持って体をひっくり返す。

腕の力だけでなく重心をうまく使う

2 体が反転したら終了。決められた時間まで姿勢をキープできれば成功。

レスリング（起きあがり）

1 手足を広げてうつ伏せになり、できるだけ重心を低く保つ。これに対し相手役は、体を乗せて覆いかぶさる。下になったプレーヤーは手と足、腹を使って脱出をはかる。

2 体が抜けたら終了。

3 立ちあがったところでストロングポジションをとる。

91

PART3

コツ 37

ヒューマンキャリー
ペアを負荷にして必要な筋力を鍛える

おんぶ

1 ストロングポジションに近いかたちで相手役を背負う。

2 ゆっくり足を前に踏み出す。

3 姿勢をキープしたまま前に進む。

ヒザを伸ばして前に進む

ヒューマンキャリーは、相手役をさまざまな体勢で持ち運ぶエクササイズ。背負ったり、抱きかかえたり、担ぐ動作のなかで総合的な筋力アップをはかる。

バーベルやダンベルなどと違って、相手の重心が微妙にブレるため、練習者は持ちながら相手をコントロールする力加減が必要になる。

これは狙った筋肉をピンポイントに鍛えるのではなく、体幹を中心とした筋力アップに最適なトレーニング。筋力トレーニングの施設がなくても、いつでもできることがメリットだ。自分の体格や体重と合った相手を選んでエクササイズしよう。

エクササイズDATA ヒューマンキャリー	
おんぶ	… 10~20m
ハネムーン	… 10~20m

▶▶▶ 筋力アップ

ペアで人を担ぎながら運ぶことで、負荷がかかったさまざまな体勢で全身を鍛えることができる。「おんぶ」は背中に担いで運び、「ハネムーン」は体の前で支える。

全身

前と後ろでペアを持つことでアプローチする筋肉を変える。

ハネムーン

1 相手のヒザ下と背中に両手を入れて抱えあげる。

2 しっかり抱えてペアが落ちないように気をつけながら前進する。

コツ1

正しい姿勢でのエクササイズを心がける

動作中は正しい姿勢をキープすることが大事。姿勢が崩れてしまったまま続けると、ペアを落とさなくても狙った筋力トレーニングにはならない。どうしても正しい姿勢がとれない場合は、相手役を軽くして調整する。

肩車

相手が脚を広げようとするのに対し、脇を締めて耐える。上半身も鍛えることができる。

1 肩の上に相手を乗せて肩車をする。

2 肩に乗せた相手のヒザを両手で持ち、体勢を安定させて前進する。

3 背筋をまっすぐキープして前に進む。

手押し車（両手持ち）

1 両足をペアに持ってもらい、前に進む。
2 姿勢をキープして前進する。
3 1歩ずつ前へ。
4 動作中は姿勢をキープ。

エクササイズDATA ヒューマンキャリー	▶▶▶ 筋力アップ	体幹・肩まわり
距離 … 各10m	「肩車」は頭から足先まで一直線の姿勢を保つ。「手押し車」は動きながら不安定な中でも体幹を固めた状態で動く。片脚で体を支えたり、前後左右に動けば難易度がアップする。	動作中は姿勢が崩れないように注意する。 

手押し車（片手持ち）

1 両手を地面につき、片足だけをペアが持つ。

2 体勢をキープしながら、両手を交互に前へ出しながら進む。

3 両手と片足のみで姿勢を維持するため、難易度がアップ。持つ足を変えて行う。

プラスワン +1 アドバイス ✗

手押し車で体幹の安定度をチェック

　手押し車の体勢になったとき、お腹が沈み腰が反ってしまうのはNG。最初はペアが両手で持ったところからスタートし、「前進」「片手持ち」と徐々にレベルアップする。体幹の筋力がしっかり働いていないとフォームはキープできない。段階を踏んで強化する。

手押し車（前後）

1. 両手を肩幅程度に開いて両方の手のひらを地面につける。両足首をペアに持ってもらう。
2. 腰が曲がらないように背筋をまっすぐキープしながら、両手を交互に前へ出し前進する。
3. 前進した後は、両手を交互に後ろへさげて後退する。慣れてきたらペアに片足だけを持ってもらい行う。

手押し車（左右）

1. 両手を肩幅程度に開いて両方の手のひらを地面につける。ペアには両足首を持ってもらう。
2. 腰が曲がらないように背筋をまっすぐに保ちながら、両手を横へ交互に出して横方向へ移動する。
3. 最初に右側へ移動した後は、同じように腕を動かし、左側へ移動する。
4. 慣れてきたらペアに片足だけを持ってもらい行う。

COLUMN

トレーニングの一部として食事に取り組む

　日本代表に選ばれるような選手たちは、「食」への意識が高く、食べる量においても並外れたカロリーを摂取する。これは大きな体や筋力を維持することはもちろん、必要な栄養を摂取することで疲労回復などのリカバリーにも役立てている。中高校生のラガーマンを見ると、全般的に食が細い傾向がある。「朝食抜き」や「小さいお弁当箱」「偏った食生活」では、身長を伸ばしたり、体を大きくすることはもちろん、日々の練習の疲れからのリカバリーも不十分になってしまう。疲労が残った体は、パフォーマンスの低下を招くだけでなく、ケガの要因にもなりかねない。

　まずは栄養バランスの整った朝昼晩の三食が基本。足りなければ補食やサプリメントで補充することも大切だ。前述した日本代表のラガーマンたちもはじめから意識が高く、食欲旺盛だったとは限らない。トレーニングの一部として食に取り組んだ成果が、あのような強靭な体になったと理解しよう。

必要な栄養素を含むボリュームとヨーグルト（筋肉の修復と骨の成長等の促進）やパイナップル、キウイ（タンパク質の吸収と免疫機能向上）などを加えることもポイント。

PART4

フィジカルを底上げして基礎体力をアップ

　ここまでは柔軟性やスプリント、コンタクトなどのテーマ別にトレーニングをしてきた。本章ではより筋力をアップし、相手を上回るためのフィジカルを獲得する。

PART4

コツ **38**

筋力チェック
自分の筋力を把握して適正な負荷でトレーニング

ヒザは床にソフトタッチ

片足立ちになり、ゆっくり腰を落とす。ヒザが床についたらあがり、最初の姿勢に戻る。

判定基準

前傾姿勢を維持し、腰を落とす。グラつくことなく片足立ちがキープできればある程度の筋力がある。

片足立ちでバランスを崩してしまったり、筋力があるように見えても骨盤が平行に保てていないのは NG。

> ❗ 正しい姿勢をキープして動作できない場合は、筋力や柔軟性が不足している。「足首」「股関節」がつまる、キツイ場合は柔軟性の欠如。PART1 に戻ってエクササイズしよう。

自重系トレーニングで正しいフォームを身につける

チームの環境によっては、トレーニング施設が充実していないこともある。しかし、工夫次第でトレーニングの内容は充実できる。特に成長期のプレーヤーは、自分の体重を利用した自重系のトレーニングで正しいフォームを身につける。

低負荷でも正しく体にアプローチする

軽い負荷でトレーニングするからといって、決して効果が低いわけではない。例えば、自分の体(体重)を背中と腕の筋力だけで引きあげるチンニングは、筋力はもちろん体幹の筋肉も可動していないとスムーズに体は持ちあがらない。

ペアの負荷を利用して体幹に働きかける

自体重では負荷をかけにくい部位に対して、ペア種目で行う。ダンベルやバーベルと違い、持ちにくいペアの体をコントロールしつつエクササイズをすることで、狙った筋肉に加え体幹の筋肉にもアプローチできる。

プラスワン アドバイス

トレーニングの数値を把握しながら継続する

継続してトレーニングを行う場合、数値(回数や時間)をしっかり把握して行うことが大事。現時点での自分の数値から短期的、中期的、長期的に目標を設定する。自分が目標とするプレーヤーの数値を意識することもモチベーションの維持に役立つ。

PART4

コツ 39 上半身のトレーニング
肩まわりや胸、腕を鍛えて当たり負けしない体をつくる

> プッシュアップ

1 頭から足までが一直線になる姿勢をキープ

2 地面に胸がつくところまでゆっくりヒジを曲げる。続けてゆっくりとヒジを伸ばし、元の姿勢に戻る。

両手は肩幅よりやや広めにして地面に置く。

プレー中のコンタクトでは、上半身のパワーが鍵を握る。相手とコンタクトしても当たり負けしないためにも肩や胸、腕を中心にトレーニングする。動作中は、体幹の筋肉を可動させて、正しい姿勢をキープできるかがポイント。同じ部位のトレーニングメニューであってもアプローチを変えることで、さまざまなプレーに対応できる筋力がつく。

エクササイズDATA プッシュアップ	
プッシュアップ	… 10回×3
ラテラル	… 左右5回
ジャンプ	… 5回
ローテーション	… 左右5回

▶▶▶ 上半身の強化

エクササイズ中は、頭から足先までを一直線に保ったまま、すばやく地面を押し返すようにあがってくる。「ジャンプ」は強度アップメニュー。倒れて手をついたときなどで、体を支える準備にもなる。

胸・体幹・肩まわり

「ローテーション」片手になっても体を一直線にキープする。

ラテラルプッシュアップ

1 プランクの姿勢から腕を横に伸ばす。

2 横に伸ばしたところで腕立て伏せの準備。

3 ヒジを曲げてプッシュアップを行う。

4 腕を伸ばして最初の位置に戻る。次は逆側に腕を伸ばして腕立て伏せを行う。

プッシュアップジャンプ

両手を地面に置き、体をまっすぐ維持しながら、胸がつくことろまでヒジを曲げる。

ヒジを伸ばしながら勢いをつけ、地面から体を浮かし、両手で着地する。

一連の動作を行う。ゲームで倒れて手から地面についてしまった場合でも、体を支える準備ができる。

プッシュアップローテーション

姿勢をまっすぐ維持しながら、プッシュアップのかたちでスタート。

地面に胸がつくところまでゆっくりヒジを曲げる。

続けてゆっくりとヒジを伸ばし、体を浮かせながら片手を地面から離す。

さらに片手を上方にあげながら、体を横に向けて目線も上方へ。腕を180度に開くよう意識する。

パイクプレス

両手は肩幅よりやや広めにして、台の上で両足のツマ先立ちになる。

ゆっくりと両ヒジを曲げながら、両腕の間に頭をさげていく。頭が地面スレスレのところで、ゆっくりヒジを伸ばしながら元の姿勢に戻る。

コツ1

台に足を乗せるのがキツイ場合は、両足を地面につけて行う。両腕の間に頭をさげていき、ヒジを曲げ伸ばして体を上下させる。

エクササイズ DATA パイクプレス

時間 … 10回 ×3

▶▶▶ **上半身の強化**

肩まわり・体幹

プッシュアップのアングルを変えて肩まわりにアプローチ。

頭を下にしたプッシュアップにすることで、器具がなくても肩まわりを重点的に鍛えることができる。

チンニング（懸垂）

1 通常のチンニングはグリップを握るときに、両手を肩幅よりコブシ1つ分くらい広げてバーを握る。

2 胸を張ってバーにちかづけるように、両手で体を引きあげる。脚は後方に向けておく。

コツ1

ノーマルグリップ　　　　　リバースグリップ

グリップは、手の甲を手前に向けて握る「ノーマルグリップ」と手の甲を前方に向ける「リバースグリップ」がある。リバースグリップの方がワキが締まった状態でタックル時のバインド動作に近い。腕の力を使いやすいので、最初はこちらから行うことが多い。

コツ 2

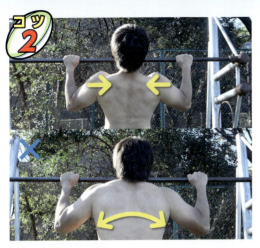

肩甲骨を寄せて体を引きあげる

　チンニングでポイントになるのが、体を持ちあげたときの肩甲骨の寄せ。背中の筋肉を可動させることで上半身の大きな筋肉にアプローチする。肩甲骨が寄らない状態で動作しても腕だけのトレーニングになってしまう。懸垂ができない人は、ジャンプの勢いで体をあげてから、体が落ちないように耐えるだけでも効果がある。

斜め懸垂

左ページの懸垂ができない人は、足を地面につけた「斜め懸垂」で負荷を軽くする。両手を肩幅かそれよりコブシ1つ分広く握る。ヒジを伸ばした状態からスタート。ゆっくりと体を起こし、胸を鉄棒につけてから元の位置に戻る。一連の動作を繰り返す。

エクササイズDATA
チンニング

- チンニング … 10回目標
- 斜め懸垂 … 10回×3

▶▶▶ **上半身の強化**

タックルなど相手をバインドして引き寄せるときに重要な背中の筋肉を鍛える。

広背筋・肩甲骨まわり・上腕二頭筋など

チンニングが難しい場合は、負荷を少し下げた斜め懸垂を行う。

PART4 コツ40

下半身のトレーニング
土台になる足腰を鍛え強固な下半身をつくる

スクワット

1. 両脚を肩幅程度に開いて立つ。
2. 背筋を伸ばしたまま、ゆっくりとヒザを曲げて太モモと地面が平行になる位置まで体をさげる。
3. 元に戻るときはお尻を締めるように力を入れて立ちあがる。一連の動作を繰り返す。

ツマ先とヒザの向きをそろえる

　ラグビーで鍛えるべき部位が集中するのが下半身のパーツ。モモにある大きな筋肉の大腿四頭筋やハムストリングスだけでなく、体幹に関わる股関節まわりの筋肉にもアプローチしていく。

　<u>各エクササイズに共通し、姿勢のキープは大事な要素。動作中の背筋や目線を意識することでラグビーのプレーにつなげていくことがポイント</u>だ。

　特にスクワットは、ラグビーにおける強い姿勢＝ストロングポジションに直結するエクササイズ。正しいフォームを身につけることで、下半身が生み出すパワーの出力をあげていく。

エクササイズDATA スクワット	
スクワット	… 10回×3
バーベル	… 10回×3

▶▶▶ 下半身の強化

正しいフォームがとれない人は、重量を上げる前にヒンジ動作と姿勢をチェック。正しい形を確認してからスクワット、バーベルスクワットに進む。

股関節まわり・下半身

負荷がかかっても胸を張り、腹筋を使って安定した状態で行う。

別アングル

1 立位からヒザを曲げてしゃがんだときも背筋を真っすぐにキープする。

ヒップヒンジ

2 頭の位置は足元の上にし、ヒザはツマ先よりもやや前に出る程度。太モモが地面と平行になるところまで腰を落とす。

コツ1

間違ったフォームでは エクササイズ効果が半減

ヒザを曲げてしゃがみ込むときは、足裏が浮かないようしっかり地面につける。背中が曲がって丸まったり、上体が直立し、ヒザだけの曲げ伸ばし動作にならないよう注意。シンプルなエクササイズだが、正しいフォームで行わないとトレーニング効果が得られない。

スクワットやラグビーの動作に必要な「ヒップヒンジ動作」をチェック

　スクワットの正しい姿勢を身につけたいときは、「ヒップヒンジ＝骨盤」と「フラットバック＝背筋」を意識することがポイント。ここでは股関節を折りたたむ動作である「ヒップヒンジ動作」を体に覚え込ませる。

バーベルスクワット

※自体重で正しい動作を身につけてから行う。

1 スクワットをバーベルをかつぐことで負荷をアップする。両脚を肩幅程度に開いて立ち、シャフトは背中側から両手で握る。

2 姿勢を真っすぐにしたまま、ゆっくりとヒザを曲げていき、尻をヒザの位置までさげる。その後、お尻を締めるように力を入れて立ちあがる。

別アングル

ヒップヒンジ

太モモが地面と平行になるところまでさがる。

正面から見たとき、かついだシャフトが傾いたり、ヒザがツマ先よりも内側に入ってしまうのはNG。正しいフォームを意識してトレーニングする。

ブルガリアンスクワット

1 台に片足を乗せて立ち、片足立ちになる。

2 片足立ちのまま、ゆっくりとヒザを曲げて尻をさげていく。太モモが地面と平行になるまで腰を落とす。その後ゆっくりと元の姿勢に戻る。左右の脚を替えて同様に行う。

別アングル

エクササイズ DATA ブルガリアンスクワット		股関節まわり・下半身
時間 … 10回 左右×3		動作中は背筋を伸ばした状態をキープする。

▶▶▶ **下半身の強化**

後ろ足を台の上に乗せて片脚でスクワットを行う。ヒザが内側に入ったり、尻が外側に逃げないようにしっかりと支えながら行う。

フロントランジ

1 両足を肩幅程度に開き、姿勢を真っすぐにしたまま立つ。

2 片足を一歩前に踏み出し、ゆっくりヒザを曲げて体をさげていく。前に出した脚の太モモが地面と平行になったところで姿勢をキープする。

別アングル

反対脚のヒザは地面につかないようにする。前足で地面を押して元の姿勢に戻る。左右の足を替えて同様に行う。

エクササイズDATA フロントランジ

▶▶▶ 下半身の強化

片脚で踏み出して戻ることで、切り返しの動きが入る。動作中は姿勢をキープする。

回数 … 10回 左右×3

股関節まわり・下半身

動作中は背筋を伸ばした状態をキープする。

サイドランジ

1 両足を肩幅程度に開き、姿勢を真っすぐにして立つ。

2 片足を真横へ踏み出しながらヒザを曲げて腰を落とす。このとき反対側の脚はヒザを伸ばしたまま。そこから外側の足で、地面を押して元の位置に戻る。左右の脚を交互に替えて行う。

バックランジ

1 両足を肩幅程度に開き、姿勢を真っすぐにして立つ。

2 片脚を後ろにさげて腰を落とし、前脚のお尻に力を入れて、地面を押して立ちあがる。

3 立ちあがってシャープニーとヒップロックの姿勢になって1に戻る。

ウォークランジ

1 姿勢を真っすぐにして立つところからスタートし、片脚を前に出す。

2 前に出した脚のモモが地面と平行になるまで腰を落とす。このとき逆脚のヒザは地面につけない。

ヒップヒンジを意識する

3 次に後ろ脚のモモを引きあげて立ちあがる。

シャープニーとヒップロックの姿勢になる

4 モモを引きあげた脚を一歩前に踏み出して腰を落とす。続いて逆の脚のモモを引きあげてから前に進む。これを繰り返す。

エクササイズDATA
サイド・バック・ウォークランジ

 … 左右10回×3

 … 左右10回×3

 … 10m〜20m×3

▶▶▶ 下半身の強化

フロントランジとは違う横と後ろ方向の動きで使う筋肉を鍛える。バックランジは、後ろに足を出すが、前脚で地面を押し込むようにシャープニーの形に。ウォークランジは、足を入れ替える動作を意識して行う。

股関節まわり・下半身

バックランジでは前方向の加速の動作につながる筋肉を鍛える。

ヒップリフト

1 仰向けになり、両ヒザを90度程度に曲げて両手は体の横に置く。

2 ゆっくり尻を持ちあげる。ヒザから背中までが一直線の姿勢になるイメージでキープ。ゆっくりと尻をさげながら元の位置に戻す。

※お尻があがらない人は、手で地面を押してもよい。

3 同じ動作で片脚を上げて行うと強度アップ。あげた脚のヒザは90度にする。

スプリント動作に近づく

ノルディックハム

1 両ヒザを地面につけ、ペアが足首を抑える。

※ケガ防止のため、最初は台を置いて負荷を調整する。

2 お尻に力を入れたまま、頭からヒザまでが一直線になるようキープする。

エクササイズDATA
ヒップリフト・ノルディックハム

- ヒップリフト … 10回×3
- ノルディックハム … 3〜5回

▶▶▶ 下半身の強化

ヒップリフトは、加速力を高めるために重要な尻の筋肉を鍛える。ノルディックハムは、ヒザを伸ばしながらも力を発揮できる動作を身につける。

尻・体幹、ハムストリングス

「ノルディックハム」は、尻と太モモ裏の筋肉で体を支えながらゆっくりと倒れる。

クラムシェル

1 両ヒザを90度位に曲げて横向きに寝る。片手で頭を支え、反対側の手は地面に置いて体を安定させる。

2 両足カカトはつけたまま上側の脚を開き、ゆっくりと元の位置に戻す。これを繰り返す。反対側も同様に行う。

コツ1

腰が開かないよう正しいフォームで行う

脚を動かすときには、勢いをつけずに行う。腰がまわって体まで開いてしまうのはNG。尻の筋肉をしっかり鍛えてさらに体を安定させる。

コペンハーゲン

1. 横向きになり片手はヒジから先を地面につけ、反対側の手は腰に当てる。上側の脚を台に乗せて下側の脚はヒザを曲げて浮かせる。

2. 肩から腰、脚までが一直線になるようなポジションをキープ。腰が曲がらないように気をつける。走っているときの「7」の形を意識して支えている脚の内転筋をしっかり使う。反対側も同様に行う。

エクササイズDATA クラムシェル・コペンハーゲン	
クラムシェル	左右10回×3
コペンハーゲン	左右20秒

▶▶▶ 下半身の強化

ステップなどで片脚立ちになったときに、体がブレないように支える尻や太モモ裏の筋肉を鍛える。コペンハーゲンは、上から見た時に体が一直線になるように。難しければヒザ部分を台に乗せて行っても良い。

尻(外旋筋)および内転筋

クラムシェルは尻の外旋筋、コペンハーゲンは太モモの内側の筋肉にアプローチする。

PART4

コツ 41

体幹トレーニング
インナーマッスルを刺激しコアの筋肉に働きかける

プランク

両手のひらを上にし、肩幅程度に開いてヒジから先を地面につける。両足のツマ先を地面につけ、背中を真っすぐにして体を浮かせた状態をキープ。目線は地面に向けながらゆっくり呼吸をし、姿勢が崩れないように注意する。

尻の筋肉と肩甲骨をしめる。

　フィジカルの底上げには体幹トレーニングは欠かせないメニュー。体幹の筋肉とは腹筋や背筋に加え、股関節まわりにあるインナーマッスルも含まれる。
　ラグビーにおいては強い姿勢＝ストロングポジションをとるために重要な働きをし、多くのプレーに関わる大事な筋肉と言える。一方、トレーニングでは狙ってアプローチしにくい筋肉群でもあるので、日頃のエクササイズから意識的に取り組むことが大切だ。
　体幹の筋肉が強くなることで、体全体が安定してプレーのクオリティーが大幅にアップする。

エクササイズDATA
プランク・サイドプランク

プランク	… 20〜30秒
サイドプランク	… 20〜30秒

▶▶▶ 体幹の強化

◎プランクは姿勢を一直線に保ち、体をかためることを覚える。サイドプランクは横向きになっても、姿勢を一直線に保つことを意識する。

体幹・下半身・肩まわり

体幹・肩まわり、腹や背中の筋肉を意識して姿勢をキープする。

サイドプランク

横向きになり、片手はヒジから先を地面につけて反対側の手は腰に置く。両脚はヒザを曲げずに揃える。体がまっすぐ一直線になるよう姿勢をキープ。反対側も同様に行う。

✕ 胸をしっかり正面に向ける。

コツ1
腰の高さや背中を意識して姿勢をとる

両手と両足を地面につけたプランクの姿勢になったとき、尻が突き出たり、さがりすぎたりしないように気をつける。頭から足先までが一直線になるイメージで行う。ヒジを地面につけるときも両腕を平行に地面につけ、背中が丸まらないように注意する。

マーチ

両手を肩幅程度に開いて、両方の手のひらを地面につける。背筋はまっすぐにして頭から足先までが一直線になるようにする。

左腕はそのままの状態にし、右ヒジを曲げてヒジから先を地面につける。

動作中は一直線をキープする

同じようにもう片方のヒジから先を地面につける。両手が同じ状態になりプランクの姿勢になる。

片腕はそのままの状態にし、もう片方の
ヒジを伸ばし手のひらを地面につける。

曲げているヒジを伸ばし、手のひらを
地面につけて元のポジションに戻る。
一連の動作を繰り返す。

体幹を働かしつつ
腕を自在に動かす

　相手とのコンタクトで倒れた後は、体幹を使って体をコントロールしつつ、腕を使ってすばやく立ちあがる動作が必要だ。体幹の筋肉に力が入った状態でも腕を自由自在に動かせるようトレーニングする。

エクササイズ DATA
マーチ

時間 … 20〜30秒

▶▶▶ **体幹の強化**

体幹・肩まわり
腕を動かしても、プランクでつくった姿勢が崩れないよう注意。

プランク姿勢からヒジを曲げ伸ばしすることで、バランスが崩れそうになる状況でも、頭から足先までを一直線にして姿勢をキープする。

123

PART4 コツ42 首まわりのトレーニング
首まわりを鍛えてケガを防止する

前

1 両手と両ヒザをついて四つんばいになり、ペアに両手で頭を抑えてもらう。

2 抑える力に対し抵抗するように頭を上に持ちあげる。これを10回繰り返す。

首まわりと頭部は、もっともケガを避けなければならない箇所と言える。プレー中においても首や頭部に衝撃を受けないよう、正しい姿勢やフォームを心がけることがポイントだ。

しかし、アクシデントはいつ起こるかわからない。予期せぬかたちでコンタクトしたとしても、しっかり首まわりを鍛えておくことでリスクを軽減することができる。

+1 アドバイス

Acm
Bcm

$\dfrac{B}{A} = 71\%$

※最低でも68％、できれば71％を目標に鍛える。

頭まわりと首の太さを比較する

慶應義塾高校ラグビー部では、頭まわりと首まわりのサイズを測定し、頭部(脳震盪)の受傷リスクを数値化している。頭の大きさに対して極端に首が細いプレーヤーは、日々のトレーニングでしっかり首まわりを鍛えることが求められる。

エクササイズDATA 首	▶▶▶ **首まわりの強化**	体幹・首まわり
回数 … それぞれ 10回×3	コンタクトの際に首のケガや脳震盪などを予防するために、首の「前」「横」「後ろ」の筋肉を鍛える。	首に過度な負荷がかからないようパートナーは、必要以上に力を加えずキープする。

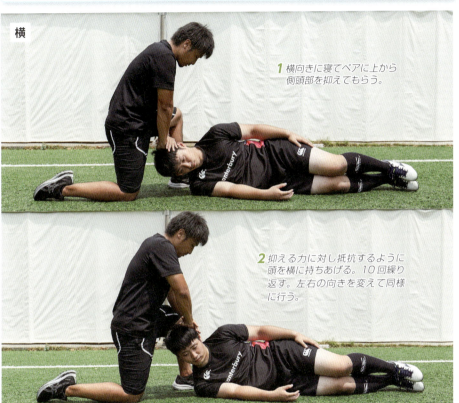

横

1 横向きに寝てペアに上から側頭部を抑えてもらう。

2 抑える力に対し抵抗するように頭を横に持ちあげる。10回繰り返す。左右の向きを変えて同様に行う。

後ろ

1 仰向けから頭を軽く浮かせ、ペアに額を抑えてもらう。

2 抑える力に対し、頭を上に持ちあげる。これを10回繰り返す。

PART4 コツ43

ペアで行うトレーニング
ペアになって背中まわりを鍛える

ペアショルダープレス

1 負荷となる相手役は、両手を地面につけてヒジを伸ばし、姿勢をまっすぐキープする。練習者は両脚の足首あたりを肩に乗せて準備する。

2 練習者は両手を伸ばし、相手の両脚を頭上に持ちあげる。ペアは常にまっすぐな姿勢をキープする。

ペアベントオーバーロウ

3 負荷となる相手役は、仰向けに寝て両手でペアのヒジを持つ。練習者は相手の脇下あたりのウエアを持ってスタート。

4 練習者は相手の体を引きあげ、ゆっくりと下げて元の位置に戻す。この動作を繰り返す。ペアは仰向けでまっすぐな姿勢をキープする。

エクササイズDATA
ペアショルダープレス・ペアベントオーバーロウ

ペアショルダープレス	…	10回×3
ペアベントオーバーロウ	…	10回×3

肩まわり・体幹および広背筋

ペアショルダープレスは肩まわり、ペアベントオーバーロウは背中を鍛える。

▶▶▶ **上半身の強化**

ペアを負荷にして上半身を鍛える。負荷となるペア側も姿勢を維持しなければならないため、体幹トレーニングになる。

広背筋などの背中は、自重系のトレーニングではなかなか鍛えにくい箇所。ペアで組み合うことでマシントレーニングのような動作を行い背中の筋肉にアプローチする。相手役となるペアも腕の筋肉や体幹の筋肉を鍛えることができる。

著者 和田 康二
慶應義塾大学大学院 システムデザイン・マネジメント研究科 特任助教
慶應義塾高校ラグビー部監督（2022年度～現在）
慶應義塾大学ラグビー部元監督（2013年度・2014年度）
慶應キッズパフォーマンスアカデミー運営責任者

監修 太田 千尋
慶應義塾大学大学院 システムデザイン・マネジメント 研究科 特任助教
2019年・2023年ラグビーワールドカップ
15人制男子日本代表
ストレングス＆コンディショニングコーチ
パフォーマンスゴールシステム株式会社代表

執筆協力 福田 匡祐
パフォーマンスゴールシステム株式会社所属
慶應義塾高校ラグビー部Ｓ＆Ｃコーチや慶應キッズパフォーマンスアカデミーでの指導、社会人女子ラグビーチームＳ＆Ｃコーチ等、小学生から社会人まで様々な層への指導歴がある。
各年代に応じた体の使い方やトレーニング方法の丁寧なコーチングが定評。

執筆協力 牟田口 泰我
パフォーマンスゴールシステム株式会社所属
帝京大学大学院医療技術学研究科スポーツ健康科学修了
慶應キッズパフォーマンスアカデミーと浦安D-rocksアカデミーの他に中学生や高校ラグビー部S&Cコーチ等、小学生から学生アスリートまで幅広く指導。競技のパフォーマンス向上へつながるトレーニングのサポートを行っている。

協力 **慶應義塾大学体育会蹴球部**

ラグビー ジュニア世代からの「体づくり」
基礎力・競技力向上トレーニング

2025年1月30日　第1版・第1刷発行

著　者　　和田 康二（わだ こうじ）
監修者　　太田 千尋（おおた ちひろ）
発行者　　株式会社メイツユニバーサルコンテンツ
　　　　　代表者　大羽 孝志
　　　　　〒102-0093 東京都千代田区平河町一丁目 1-8
印　刷　　シナノ印刷株式会社

◎『メイツ出版』は当社の商標です。

●本書の一部、あるいは全部を無断でコピーすることは、法律で認められた場合を除き、
　著作権の侵害となりますので禁止します。
●定価はカバーに表示してあります。
Ⓒギグ,2025.ISBN978-4-7804-2865-0 C2075 Printed in Japan.

ご意見・ご感想はホームページから承っております
ウェブサイト　https://www.mates-publishing.co.jp/

企画担当：折居かおる